# 東京維新

## 国の台所事情をやさしく解説

森下正勝
Morishita Masakatsu

文芸社

# 東京維新
## 国の台所事情をやさしく解説  目次

序章　国債を発行せず借金なしでやっていける国にしよう　7

第一章　今こそやらねば「東京維新」　15
　すっからかんの米蔵　16
　戦後の安定期　18
　この20年の間に日本に何があったのか　20

第二章　京都より起こった維新　35
　一見のどかな早春の京散策なれど　36
　京の都を舞台に大変革が起こった　37

第三章　新しい明治の発展　41
　「版籍奉還」と「廃刀令」　42
　八重の桜が散る頃に……　46

第四章　太平洋戦争の敗戦処理　53
　貴い血を流して創った日本帝国　54
　マッカーサーの活躍と負の遺産　55
　日本の里山を、文化を壊した二つの税金　60

負の遺産の象徴、相続税は有史以来、初の政策
富裕者に対する富裕税　62

第五章　時は流れて大正、昭和と……　64
日本は世界に勝ったのだ　67

第六章　吉田茂の時代（昭和二二年〜二九年）　68
引き抜かれた国家官僚たち　73

第七章　特別会計企業群を民営化しよう　74
実態をほとんど知らされない特別会計　79
今、世界の一流大学は私立　80
建築ラッシュとメンテナンス　85

第八章　封建時代とは明るい地方分権の時代だった　90
四公六民とは　93
江戸時代の税金制度とは　94
県・市の入札情報　97
　　　　　　　　　102

第九章　現在「大赤字」の政府の台所　105
今日の日本の経済は大赤字運営　107

日銀のゼロ金利政策
国債は税金の前借金です

第十章　今こそ米沢藩を救った「上杉鷹山」に学べ　111
ジョン・F・ケネディが最も尊敬した日本人?!　118
藩でなく農民を富ませてこその改革　124

第十一章　「東京維新」はまず特別会計の消滅から　129
異常な国債発行の増加！　135
世界一高い固定資産税　136
休日の多さ少なさの較差　139
お金の発行権を握る政府　140
「構造改革なくして経済成長なし」　143

終章　最後に言いたい放題　147
あとがきに代えて　150

番外編
資料編　157

# 序章

## 国債を発行せず借金なしでやっていける国にしよう

今日の日本の経済を見ると、速急に再生しなければならない事態にあると思う。何故なら毎年毎年、借入れで国債を40兆円以上も発行しているからだ。その圧迫をひしひしと感じながら生きている一人として、ここは是が非でも東京維新をやらなければ、日本の国は右肩下がりの下降線を辿っていってしまうだろう。あるいは、国債の急落で株式や銀行は大混乱をきたすだろうと思っている。そうなれば沢山の企業が潰れることは必至です。

それを回避するためには何をすべきか。

私が提案する「東京維新」とは公務員を零にして、特別会計企業群を廃止、そして払い下げをして、民間人として働いてもらうことです。当然のこと民間人として納税してもらう。そうすることによって現在5000万人しかいない納税者を6000万～7000万人に増やせるのではないか。それともう一つ、公務員共済年金にはものすごく税金を使っている。国民と同じにするために廃止すべきです。その結果毎年毎年発生する50兆円の補助金もなくてすむし、それが常套な方法だと思うのです。

何も現在働いている人間を解雇するわけではないので、政府は特別会計企業群の売却益は残るし、毎年特別会計の赤字分50兆円の責任はとらなくてもすむし、我々国民にとってはいいことずくめなのです。

毎年、増税するとの話題でにぎわうことの一助にもなるというものです。我々の実感として、いっぱい税金を取られても、自分たちのために納める税金なら納得もするが、こうもあからさまに公務員の月給になってしまうと思うと腹が立って収まらないのです。

読者の皆さん、左頁の図をじっくりご覧ください。ゾッとしませんか。10年も先の税金（国債）も公務員の給料になってしまうんですよ！

こんな国家財政──一般会計を国民として、恐ろしくありませんか。

序章

### 国債の償還予定

| | | | 9年目 | 8年目 | 7年目 | 6年目 | 5年目 | 4年目 | 3年目 | 2年目 | 1年目 | |
|---|---|---|---|---|---|---|---|---|---|---|---|---|
| 45 | | | | | | | | | | | | |
| 45 | 45 | | | | | | | | | | | |
| 45 | 45 | 45 | | | | | | | | | | |
| 45 | 45 | 45 | | | | | | | | | | |
| 45 | 45 | 45 | | | | | | | | | | |
| 45 | 45 | 45 | | | | | | | | | | |
| 45 | 45 | 45 | | | | | | | | | | |
| 45 | 45 | 45 | | | | | | | | | | |
| 45 | 45 | 45 | | | | | | | | | | |
| 45 | 45 | 45 | | | | | | | | | | |
| ✕ | ✕ | ✕ | 45 | 45 | 45 | 45 | 45 | 45 | 45 | 45 | 45 | 国債 兆円 |
| 40 | 40 | 40 | 40 | 40 | 40 | 40 | 40 | 40 | 40 | 40 | 40 | 税金 兆円 |
| 12年目 | 11年目 | 10年目 | | | | | | | | | | |

満期が10年の国債ならば
10年目には45兆円が10倍に
積み上がるのです
いくら銀行が買い支えるといっても
もう無理でしょう

元金を返済に回すから40兆円で
1年間をまかなわねばならない

一般の家庭なら、自己破産は必至、家族離散ですよ！

「お金が足りない──増税だ」の掛け声ばかり。国民はもう聞きあきました。でも無能な政府のツケは容赦なしに襲ってきます。

11年目は1年目に発行した税金の前借りである国債を返さなければならない。そうすれば、一般会計は半分の40兆円になってしまうのです（仮に税収40兆円とすると、国債発行45兆円）。40兆円で日本の財政がやっていけると思いますか？　来る年も来る年も国債を増加発行していかないと、日本の台所経済はやっていけないのです。

10年目も11年目も12年目も国家予算は40兆円でやっていかなければならないのです。やっていけないからこそ10年先にまた増税が実施されるんです。この増税ゲーム（この10年〜20年）は日本国の破綻するまで続けられるのですか──。

どうします、国民の皆さん。こんなに借金を積み上げたら近い将来、国際化される国債、証券の暴落、株の暴落、倒産企業の増大で、日本はメチャクチャになるのっけから、脅かすような話ばかりしてごめんなさい。でも、じっとしていられないのは私ばかりではないはず。お伝えしなければならないことが山積なのです。

まあ、これからじっくり章に分けてご説明していきましょう。

## 序章

またこれから、追い追い説明します国債とは国民にとってどれだけ恐ろしいものかお分かりになることでしょう。今、3パーセントの消費税の値上げで大騒ぎしているが、45兆円の国債発行については国民はおめでたくもスルーですよね。これは財務省企画で、国会を審議なしで通過するのです。しかもマスコミもなぜか全然騒がない。一体どうなっているのでしょうか？　日本の国民はやれ、マー君だ、オリンピック開催だと大ハシャギしていますが……。

この一大事のピンチを修正する唯一の秘策があります。そうです。特別会計です。特別会計の企業群を民間に払い下げて、一般労働者と同じ扱いにするのです。○○公団、○○機構、○○独立行政法人、○○研究所、NHK、国立大学、公務員共済年金など……これらの全てを払い下げて、私企業にするのです。売却すれば益が出るので毎年の補助がなくなる。今、これらには特別会計という名で我々の税金が年間50兆円以上もの補助に使われています。この特別会計企業群のことについては、政府はなかなか公表しません。そこが天下りの温床にもなっているので公表しないのです。

我が国から特別会計がなくなれば当然、税金の寄生虫を一掃できるのです。

これは国家にとって、大きな利益になります。

特別会計には53兆円ものお金が流れている、と特別会計（ほとんど利益感覚のない人達の集団が経営しているのです）の資料に載っておりました。（平成24年財務省発表）

今、我々の日本国は存亡の危機なのです！　日本国の台所から悲鳴が聞こえます。血を流しても、この無駄使い企業群を国家財政から切り離しましょう。そして、再度、健康な日本国を創ろうではありませんか。詳細は第一章から詳しく述べていきます。

では、まず日本を再生するためには、ここで過去の日本が経済の再生をなしとげた事例を纏（ひもと）いて、日本再生の歴史を調べなければなりません。

＊

その再生への道は苦難の道であり、動乱より始まった──。

動乱は一八五三年（嘉永六年）、アメリカの黒船来航より端を発している。当時日本は封建国家であり、各藩自体が自治権をもっていた。アメリカが、イギリスが、ロシアがやって来ると、当時弱り始めていた幕府の対応は難航をきわめた。長い間伏せられていた尊王、そして鎖国を続けていた攘夷。相反する二つの思想が錯綜（さくそう）する中、長州がいち速く京都で乱を起こし、各地の脱藩志士たちも各々勝手な行動をとり、京都は手のつけられない状態となっていった。そのあとで「安政の大獄」が起こり、各藩の活動家が

多量に処刑されてしまった。長州の吉田松陰はその最たる人であった。そして翌年、一八六〇年（万延元年）に大老の井伊直弼が登城中に桜田門で殺害された。世は騒然として激しく乱れはじめた。

一八六四年（元治元年）、長州は蛤御門の変を起こしているが長州には味方もなく、一方的に破れた。

幕府は長州に征圧軍を送るか否かでもめているうちに、一八六六年（慶応二年）、孝明天皇が崩御された。慶応四年になって、初めて薩摩が動いた。サッーと動き、長州と同盟を結び、同時に幼帝（明治天皇）を押し立て「錦の御旗」を先頭に鳥羽伏見の戦いを起こした。ついには幕府側を初めて討ち破った。しかもその勢いは止まる所を知らず、東へ東へと軍を進めた。

「錦の御旗」は他藩を寄せつけず、江戸まで到達したのである。西郷隆盛を総大将に、江戸に着いたのが今から一五〇年前のことでした。

西郷は日本六十余州の殿様の権益を取り上げ（版籍奉還）、武士に廃刀令を出し、特権を奪うという大それたことを行って国の危機を救ったのです。

地方分権ではなく、中央集権国家にしなければ世界の国々に対抗できない。また、そ

うしなければならない世界情勢でもありました。

しかし長く続いた地方分権の封建制度の破壊は余りにも急激すぎて、前途は困難をきわめた。しかし中央集権の日本国を創らねば、外国に潰されてしまう。

「西郷隆盛は殿様の権益を奪い、武士の権力を潰した」という批判が集中。その全責任をとって、中央での全ての権力を捨てて西郷は薩摩に一人帰った。そして一八七七年（明治十年）九月、城山において、西郷隆盛は自決して散った。

まさに「男の花道」であった。

西郷の盟友の大久保利通に、地方分権から中央集権への道を託しての行動だった。大久保は西郷の意を受け、新生明治帝国を一心に直走った。

ところが、悲しいかな、大久保利通も翌一八七八年（明治十一年）に西郷の後を追うごとくに、暗殺されて消え去った。

# 第一章　今こそやらねば「東京維新」

## すっからかんの米蔵

話は少し戻りますが——。

長州・薩摩の武士を中心に錦の御旗を押し立てて、京都から東へ東へと進んで行く。途中の戦いも多々あった。しかし西郷隆盛の率いる薩摩軍と大村益次郎の率いる長州軍他多数の倒幕軍はついに江戸に辿り着いた。

(『花神』司馬遼太郎より)

その後、西郷隆盛と勝海舟の話し合いにより、江戸城は無血開城が決まった。
城に入ってみると幕府はここまで疲弊(ひへい)していたのか、と暗澹(あんたん)たる思いになった。二百六十年〜七十年のかつての幕府の威容はどこに行ってしまったのか。みんな一様に驚(きょう)愕(がく)の思いであった。金蔵には一銭の金もなく、米蔵にも一俵の米も残っていなかった。

# 第一章 今こそやらねば「東京維新」

江戸城はまさに空き家の巨人であった。その巨人を見ながら、ここまでくる年月と多くの戦いがあったことに思いを馳せた。

まず長州と京都所司代。そして新選組の激しい内乱は京都から発した。その乱は長い長い戦いであった。

発端に一八五三年（嘉永六年）の「黒船の来航」、そして一八五八～九年（安政五～六年）の「安政の大獄」があり、長州他の脱藩の志士たちを狂わせた。そしてさらには日本という国の在り方にも大きな問題を投げかけた。今は地方分権の各藩体制の時ではない。日本の国が一丸となって、対外国と戦う時ではないか。そんな思いを各自の胸に秘めながら、城に入っていった。

西郷隆盛、大久保利通、大村益次郎、木戸孝允（桂小五郎）他、多数の志士たちが顔を合わせ、今後の策を考えた。

京都より始まった倒幕は、この江戸に来て、何もない江戸から経済を成長させる。それが一番最初の仕事ではないか。大隈重信、渋沢栄一を加え、いかにして日本の経済を成長させていくか。それが日本統一、新生明治政府の一番の仕事ではないかと。

その例として述べるのが第二章の大久保利通、大隈重信の経済戦略。そして、第十章

17

の上杉鷹山率いる米沢藩の藩民全員で働いて勝ち取った、藩の再生で説明する上杉鷹山の藩政の改革です。

これらがこれから本書で私の唱える「東京維新」です。

国民全員が「公」もなく、「民」もなく働き、国民全員で日本の財政の財源を生み出すことです。国民の公務員が、かつて藩民のためにあった士族が、決して甘えてはいけなかったように。

「自分だけ、自分だけは別でいいんだ」

この言葉、この思いは禁句です。

ここで話は飛びますが、戦後の復興（一九四五年〜）から現在まで、何故大赤字になったのかの過程を追っていきます。

## 戦後の安定期

五五年体制による保守合同、それが自民党政権、日本の安定につながった。ところがそれに欲を出し自民党だけで政治をやろうと、平成六〜七年頃から中選挙区（4〜5人

第一章　今こそやらねば「東京維新」

当選)から小選挙区(1人のみ当選)の制度に変えることによって、より自分たちだけで勝手な政治が出来ると思ったのでしょう。しかし、私はこの小選挙区は弊害の方が多いような気がします。

その理由はまず、新人は地盤も知名度もなく、選挙に出にくくなったからです。そのため親の跡目を継いで二代目、三代目とバカ代議士が続くのです。そう、悪名高き世襲です。それともう一つ、上を見て出馬をねらっていた官僚は、当選の確率が低くなったので、危ない橋は渡らないと、天下り専門の私利私欲の者が育ってきてしまったのです。まさに楽な暮らし、楽な余生を求めるような志のない者ばかりが日本の代表である国会に、官僚にと集合してしまったのです。こんなことは到底許されることではないはずです。私たちは、今、先人たちの歩んだ道を思い起こす時なのです。

私が言っていることは、「T大法学部を出たから、官僚だから、公務員だから、楽な暮らしが待っているんだ」なんて絶対に許してはいけないということです。

我々職人は仕事があれば、土曜でも日曜でも現場に飛んで行くんですよ。雨が降った日、仕事のない日は日当を稼げないのです。悔しいけど仕事がなければ1円の収入もない。ところが収入がなくても、1日1万円は家族が生きるために、命をつなぐために掛

こんな気持を1年に何十日も有給休暇がある公務員、官僚、大企業の従業員さん、少しでも感じたことがありますか？

話はチョッと飛びますが、20年前までは定期預金の利息は年間5パーセント〜6パーセントでした。今ではもう夢の話ですが「1億円を預金すれば遊んで暮らせる」、そんな言葉が当時はまかり通っていましたよね。ところが20年後の昨今は利息は0・1パーセントが当たり前。

あの頃は1億円を銀行や郵便局へ定期預金にすると、利息が5パーセントで500万円の利息がついてきたのです。ところが今では10万円にしかならない。一体、どうしたというんですか。

## この20年の間に日本に何があったのか

そうです。あったのです。

昭和六〇年から平成三〜五年にかけての株価や地価の上昇、それはもの凄いバブル景

## 第一章 今こそやらねば「東京維新」

気でした。それが一転して、バブルがはじける（昭和六〇年～平成二、三、四年がピークで、その後、バブルの破裂が広がっていって、株価・地価他あらゆる投機モノが大暴落した）と、各企業（株や土地に手を出していた）がバタバタと倒産し、銀行群のどこもが貸金は不良債権化してしまい、やっていけない状態になったことは皆さん、ご存知ですよね。そこで政府の出番。国債を日銀に引き受けさせて、その現金を銀行に配り、倒産を防ぎましたよね。

その結果、とりあえず、平成二～三年のバブルの被害から銀行のみは救済することができました。

その時は日本の国債額は現在のような異常な発行額ではなく、20兆円ほどでした。それで銀行が、救えたのです。

その頃の国債発行までは、一般民間人の預金利息は5～6パーセントあったのです。しかし、そのまま高貸金の利息をつければ、銀行が潰（つぶ）れる、企業が連鎖反応で潰れる。そのために有名な日銀の貸出金利0パーセント政策を打ち出したのです。今までは日銀の貸出金利は2～3パーセントであったのが0パーセントという金利政策を打ち出したのです。当然企業を守るためという名目でしたが、犠牲になったのは国民でした。何

度も言いますが、1億円の預金で500万円の利息がついたものが、一挙に10万円になったということは、国民への分配率は百分の一にも二百分の一にも減ってしまったのです。

「こんな政策はきっと長続きしない」と国民誰しもが思ったと思います。しかし結果は大違いでした。日本の政府の政策は「経済活性化」の名目で、あちこちに経済政策を実行したのです。池田勇人、佐藤栄作総理大臣時代とは大きく違って、増資につぐ増資を続けました。ですから毎年毎年20兆円〜30兆円と国債を発行し、それを日銀に引き受けさせ、国家予算と借り入れ金を増大させていったのです。

不思議なことに、その国債を日本の銀行である三井住友・三菱東京UFJ・みずほが、また小銀行が買い取ったのです。日本中勢いのない企業が多くなり、銀行は金を貸さない。余ったお金は政府の発行する莫大な国債を買って、国に恩を売りながら、その金利を稼ぐ、手を汚さずして、政府から利息をもらうシステムを作り上げてしまったのです。今の日本企業の所得ベスト10には政府〜日銀〜銀行のあの悪魔のトライアングルです。今の日本企業の所得ベスト10には右の三銀行が上位に鎮座し、生産会社はその下にへばりついている状態なのです。

そして国債で得たお金で政府は特別会計の企業群をドンドン増やしたのです。お蔭で

第一章 今こそやらねば「東京維新」

日本国の借金は増えるばかりです。ところが、日本政府は国債を銀行が買い取ってくれますから、この先、節約とか人減らしの話は一切なくなってしまったのです。

私は日本を守るために再度言います。上杉鷹山の行った政策、大久保利通が明治政府を創った道筋を忘れてはいけない。「自分だけよければいいんだ」では日本の破滅です。

特別会計を全てなくして、一般企業にすればいいのです。その結果として潰れる特別会計の企業があってもいいでしょう。危ないところはドンドン広告や企業努力で生き残れるようにするのが資本主義です。今現在、日本政府は鬼となってでもこの特別会計の解体をやる時ではないですか。

NHKもT大学も日本年金機構も農業研究所、公務員共済年金もみんな私企業に任せて、健全財政の国日本を創ろうではありませんか。この公務員共済年金も税金を全額使っている。公務員は公僕で特別な人間ではない。共済年金は廃止して国民と同等になるべきだと思っています。

今の特別会計に、いろいろな形で50兆円以上のお金を国民から吸い上げているのです。

これが日本のためだなんて到底思えません。日本を壊しているだけです。

それを私はブッ壊さなくてはならないと思うのです。

そのためには大きな抵抗があるでしょうが……官庁の公務員の方から血も流れるでしょう。しかし、今やらなくて、いつやるのですか。

私は日本人の一人として、命を懸けても、何としてもやらなければならない緊急政策だと思うのです。

では具体的に私が命を賭して、日本国を救うために考えていることを話させてください。話を現時点に戻しましょう。

土曜日などにヘルメットを被（かぶ）って、みなさんが自転車に乗って、健康維持のためでしょうか、走っていますよね。よく見掛ける光景です。あれを見ると、自分が悔（くや）しくてしょうがないのです。せめて我々日当で働く人間と、休んでも給料が払われる人——この労働の密度くらいは、同じにしてもらいたいのです。私が国の指導者だったらそうします。何で公官庁関係の労働者、従業員は我々と違うのでしょう。小泉政権の時、大幅に休日を増やしましたよね。働かない日も給料が入るのでしょうか。小泉政権の時、大幅に休日を増やしましたよね。でも、休日が1日増えるごとに、給料が減ったという話を聞いたことがありません。

労働基準法で対応される人々と、我々建築業のように日雇（ひやとい）契約に属する人々とは、「日本人の格」でも違うのでしょうか。

## 第一章　今こそやらねば「東京維新」

その辺りの悪い役を我々個人業とか、非正規雇用者とか職人に押し付けているように思われるのです。これには不満だらけです。

いつも競争に晒されている私たち中小企業や小売業者、職人は吹けば飛ぶような人々なんです。でも、こういう人々が懸命に働いて生活をし、税金を納め、日本の文化・労働の文化を伝えているんです。国を支えているのは休日に給料の支払われない我々のような人だ。その労働者も今では高齢化しています。1億2千万人の人口のうち、500万人程度が働いて納税していると統計に出ています。こんなに少ないんですよ。

私が子供の時、「社会に虐げられている職人を、大きくなったら自分が職人になって守るんだ」と決心。この心意気は70歳の今でも持ち続け、職人をやっています。

くどいようですが「自分さえ良ければいいんだ」の公務員、官僚たちも特別会計がなくなって、一般企業になれば、利益採算が合わなければ倒産してなくなるし、利益採算がギリギリのところは、生き残ろうと必死に企業努力をして存続をはかるでしょう。

それが当り前の社会常識なんです。その当り前の常識に戻りましょうよ！

この話を具体例をあげて説明しましょう。次の表を見てください。

| 公 (公務員) | 私 (一般企業) |
|---|---|
| 市バス・都バス | 神奈川中央バス・東急バス |
| 市営地下鉄 | 京浜急行 |
| 都営地下鉄 | 東急電鉄 |
| ゴミの収集 | ゴミの収集 |

　公のする上段も私の下段も何ら仕事内容が変わるものではないでしょう。運賃も全く同様です。それなのに雇用保険・退職金・公務員の上乗せの共済年金までついているのです。そもそも公僕には我々庶民が納めた税金が給料の上乗せの共済年金となり、年金が我々納税者よりはるかに高くもらっている、ということは一体どういうことですか。

　しかも、これらを公務員が払っているとでも思っていますか？　とんでもない、これらは全額税金で払っているのです。

　職業安定所の守衛のおじさん、学校給食のおばさん（1日4〜5時間しか働かない？　昼食だけですものね）と比べて交通整理のガードマンや、そば屋のおばさんのやっている仕事の内容は変わらないのに、給料では倍も違うんです。

## 第一章　今こそやらねば「東京維新」

夜遅くまで働いて、労働内容に比べて給料などの報酬が余りにも不平等すぎませんか。NHKも他局と同じように民営化して、頭を低くして広告収入を得る営業努力したら、うんと税金は助かるし、NHK関係の納税者がぐーんと増えるのに……。

我々納税者にとってもどれだけ助かるか。我々の税金が、前述の表の㊙の企業に渡されるのかと思うと腹が立って、仕様がありません。

政府はずるいですよ。いい格好ばかりしてないで国民に目を向けてください。そして特別会計の企業群は下野してもらい、一般企業として利益採算を優先する企業として働くようにしてください。そして納税もして公務員共済年金も廃止してください。

今、日本は毎年40兆円以上の国債を発行しています。88頁にもあるように、イギリス・フランス・ドイツの2倍以上、たった15年間で負債が倍増してしまったのです。ご存知でして借金である国債の残高は何と千兆円超です。

前記の国々は食糧自給率もみな100パーセントを超えているんですよ。しょうが日本はわずか30パーセント弱でしょう。

この差は何ですか、教えてください、政府さん！

27

特別会計の話をもう少し続けます。83頁の表を見てください。世界の一流大学の評価の順位です。外国の上位の学校はみな私立大学ではありませんか。

工夫を重ね、お金（授業料）を払い、お金の大切さを身につけ、勉強して他人の気持の分かる学生が卒業していくのです。それがどうです。我が日本の大学（国立）は至れり尽せりで、この体たらく。毎年、世界の30位とか50位とか……。そのトップが日本の官僚のトップになるんですよ。しかも国会議員の抑えもはねのけて日本の国策を仕切ってゆく。そして定年近くになれば天下りの連続。彼らも定年になったら一般人と同じように再就職した方がいい。給料は半分か三分の一で雇ってもらえるかもしれません。でも役人はずるいから一般企業が嘱託とか臨時社員という名前で給料をうんと下げて定年延長をやっているのを見て、世間は定年延長の高齢者社会に入った、とそこばかりを強調して同額の給料にしてしまうでしょうね。それも何だかんだと理屈をつけて……。

とにかく公務員共済年金や特別会計企業群を廃止することこそ、国民の労働を平等にすることであり、それがまずスタートです。そして現在5000万人しかいない納税労働者を、何としても6000万〜7000万人に増やそうじゃありませんか。この「東

第一章　今こそやらねば「東京維新」

京維新」を日本再生のために是非ともやりましょう！

今、世界の統計の88頁および114頁の図を見てもお分かりの通り、日本は世界の断トツのビリじゃありませんか。ここ15年間、衆議院が小選挙区（1人区）になってから、国債の発行高は凄いし、債務残高も飛び抜けて増加しています。

「子供が少ないし、年寄が多い」なんて官僚が言い訳をしているけど、そんなこと10年も20年も前から分かっていたことでしょう。役人さん！　エリートの官僚さん！　そして子供は20年経たなきゃ働くようになりません。分かり切ってたことでしょう。その前に手を打たなかった役人官僚の重大なミスでしょう。

● 相続税の大罪

今日までの相続税の継続で緑の山を壊し、大家族制度を壊し、小家族にしてしまった政治家も悪い。

お蔭で小家族では家族を守り切れない。社会保障費はここ10年間、小家族の増加と正比例して顕著に急増してます。

この悪税も必ずや日本の国の伝統や文化、いや国の形さえ破壊してしまうでしょう。

● 国立T大法学部出の官僚は不要

　明治一〇年頃は確かに封建国家から法治国家にするために、国立大の法学部出身の官僚は必要でした。しかし今や彼らは、自分の行方（ゆくえ）・利益のみしか見ていない輩（やから）ばかりで、まじめに汗を流して、1週間のうち6日間働いている日払い労働者が税金を納めている事実を考えたりしたことがあるのですか。きっと「労働基準法通りにやっています」と答えるでしょう。でも労働基準法で日本の台所が守られるのですか。
　法律が我々日払い賃金労働者と大きく乖離（かいり）しているから言うんです。労働基準法に、公務員や売上価格を自社で決めることの出来る独占・寡占（かせん）の一部業者は、確かに従うことが出来るでしょう。その法律の原案はほとんど我々労働者の意を汲んだものではなく、T大法学部卒の官僚が下ごしらえをして、それを政治家に渡している。だから我々の気持ちなんか全然分かってない。現状をまだ把握していない机上のプランなんです。
　それと教員と日教組と県や市町村の教育委員会のトライアングルも人事権を持ってしまって、他組織（県の事務職や校長）に渡さない。これも厳しい。正常に機能するための人事環境におかないと日本の教育に大きな障害となり、今の日本の教育にはダメージ

第一章　今こそやらねば「東京維新」

が大きすぎる。とりあえず学校の校長に人事権を与え、教育委員会は先生を守る砦ですからそれを廃止して、よい先生、悪い先生は校長の判断で辞めさせる。そうしないと学校のレベルは日教組のレベルまで下がってしまう。今現在、私立中・高がドンドン伸びているのは先生の選別人事権が校長または理事長にあるからで、先生は緊張して校長の意見は聞くし、行動する。ですから私立学校は伸びていくのです。またさらにおかしいのが、最近の我が国の教科書の日本史の記述に他国から注文が入ることです。これでは日本史ではない。日本の国を、自信を持って日本人だと胸を張れる国史を、日本人が見た日本の歴史を教えましょう。そんな教育になってないのが最大の欠点です。どこに自国の教育にまで外国から口をはさまれ、批評されるところがありますか。

もう一言付け加えます。それは固定資産税が世界一高すぎることです。だから「貸家を建てて自分の資産を守りましょう」とまことしやかに税理士だ、行政書士だ、弁護士だが相談会を開いて声高に勧めます。実はこの裏で糸を引く建築業者やアパート業者がいるのです。それも10年もすればガラガラの空き家が並ぶのが現実なのです。一方、それに弓を引くような役所による公営のアパート建築。これ全部我々の税金ですよね。資

産を守ろうとして作ったアパートが、市・県の税金で作った安い家賃のアパートに駆逐(くちく)されてしまうのです。これって、一体何ですか？ もう我々の税金をつぎ込んで、公営アパートを作っている時代じゃないでしょう。50年前の戦後の時代に住む所がなくて作ったものならいざ知らず、今ではそれらの古いアパートをメンテナンスすれば充分なのではないでしょうか。

また、固定資産税や相続税も同じですが、どこからもお金が入ってこないのに、たまたま家屋敷が広かったり、裏山があったりするだけで固定資産税がタップリ掛かってくる。これはきっと日本政府の政策で、「自然を壊してお金に換えろ、自然環境を壊せ、地球を壊せ」との政府の政策としか思えないのだが……。

もう少し耳を貸してください。

これは私の苦言です。

まず、ここで御礼を言わせてください。

某党の候補者の歯科医が「私は歯科医です。国政に参加して医療保険を守ります」なんて言ったので、トタンに頭にきて外に飛び出しました。平成二五年七月五日の話です。

第一章　今こそやらねば「東京維新」

実は私も、もう我慢の限界、これ以上放っとけない。何とか自論をテレビや街頭で訴えなければいられないと、突然に自分一人で無所属で参議院に立候補してしまいました。国会議員は本来、日本の国土・日本の国民を守ることが仕事でしょ。自分のことだけしか政見発表で話していない。日本のことを考えない、自分のことしか考えない政治家──そんな者は不用です。孤軍奮闘した私の選挙の結果は選挙途中での出馬の割には、ビックリするほどの票が頂けました。四万票弱でしたけどね。御礼の言葉を「ありがとうございました」と紙上をお借りして言いたいのです。平和ボケしている池に確実に一石を投げ込んだ気持です。

それから政治の話が出ましたのでもう少しつけ加えさせてください。ジョン・F・ケネディ大統領の伝説です。

折よくも、あの娘さんのキャロライン・ケネディさんが日本へ駐日大使として赴任されました。

話を戻しますが、大統領と日本の記者団との会見があった時、ある記者の質問、

「日本で一番尊敬の出来る人は誰ですか」

に対して、即座に、
「ウエスギ　ヨーザン」
と答えた世界の指導者、ケネディ大統領は国の再建ということを凄く勉強したんだな！　ハーバード大学歴史学科卒。たいしたもんだ。当時、日本人でさえ、「ウエスギ　ヨーザン」なんて知っている人も少ないし、ましてやどんなことを成し遂げた人かさえ知らなかったのに……。それに比べて日本の官僚の小さいこと。でもその環境を許している日本人も悪いと思う。アメリカ大統領なんか大統領が辞めればスタッフ（高級官僚たち）も当然全員辞めて他の仕事を捜す、転職の準備。そのくらいの覚悟で、行動をしているのだから、絶えずアメリカは新しいのだ。新しいパワーが生まれてくるんだ。
この大統領（首相）交代のルールはぜひ日本にも導入してもらいたい。終生国家官僚で何の進歩もない人間は不要！　他の職に就いたらそこのエキスパートになるよう普段から勉強して欲しいものです。

## 第二章　京都より起こった維新

# 一見のどかな早春の京散策なれど

二〇一三年の春、京を歩いてみた。その時の感慨を少しお話したいと思う。

まずは祇園から歩いて、大きな通りを渡り、細い二年坂、産寧坂を登りはじめる。右にも左にも屋根の低い小店が軒を連ねていた。坂の上からは三三五五、人が降りてくる。私は人を避けながら登っていく。清水坂は長い長い登り坂であり、細い道は右から左から入り来る人と交わりながら登る。やがて広場に出る。清水の本堂を見上げる。人が多くなってきたので本堂へのお参りを止めて西の方角に道をとった。ゆっくりとした足取りで降りはじめた。桜の季節にはまだ早い、肌寒さの残る京都。舞子さん（妓の字は使わない。年が若いので）が連れ立って坂道を上がってきた。目の前に広い空間が見える。円山公園である。右手の方面に赤い提灯が下がったお茶屋が見えた。料亭風のお茶屋を右手に見ながら私は左手にそば処が2、3軒並んでいる

## 第二章 京都より起こった維新

その1軒ののれんをくぐった。名物の鰊(にしん)そばを注文した。なんとなく鰊は北海道の気がして違和感を感じながらも食べてみると、甘辛い鰊の身は柔らかで骨は全部抜いてあり、おいしかった。

京都円山は平和そのものの風景で、時の流れを忘れるような京の町歩きであった。そんなのどかな気分から一瞬、あることが頭をよぎった。

## 京の都を舞台に大変革が起こった

歴史の教科書では一五〇年～一五五年前、この京を舞台に歴史の大混乱、大変革が起こったのだ──。

　　長州藩の高杉晋作・桂小五郎（木戸孝允）・大村益次郎
　　土佐藩の坂本龍馬
　　薩摩藩の西郷隆盛・大久保利通

その発端は長州の志士と京都所司代、そして、所司代に荷担する新選組、皆様ご存知の通り、血で血を洗う乱闘であった。京都所司代では長州を中心とする脱藩の志士の行

動を抑えることは出来なかった。幕府は事件の波及を憂い、江戸幕府の組織からは指示を受けない京都守護職を置くことにした。京の帝の守護と治安の維持の重大さを考えてのことであった。

江戸幕府にとっては重大な判断の岐路に立たされていたのだ。

その1年前の安政五〜六年（一八五八〜九年）、「安政の大獄」を起こしている。長州の学問と思想の中心、吉田松陰や福井藩の蘭学者橋本左内や若狭小浜藩の活動家梅田雲浜など多数が投獄され、そして処刑された。それを恨んで倒幕を計る水戸の浪士たちは翌年の万延元年（一八六〇年）、桜田門外において登城中の大老井伊直弼を殺害している。

外には外国の軍船が往来し、内は京都の内乱が続き、江戸幕府も慎重に、慎重に行動せねばならなかった。

この地、京都守護職の重責は会津藩にお願いするしかなかった。

ここで少し会津松平藩の説明をしますが、会津松平藩主は二代目将軍秀忠の子で、家康・秀忠の江戸初期の武骨さを幕末まで持ち続けた藩である。隣には上杉藩、伊達藩と強力な藩があり、目を光らせ続けていたのです。

## 第二章 京都より起こった維新

当時最強と言われた会津松平藩、その当主である松平容保とて不安はあった。彼はこの地会津を離れたことがない。それでも京の都へと兵を走らせる。京には血を浴びた長州、戦上手の薩摩、脱藩の志士たち、そして土佐藩などが策謀の渦を巻いている。その渦中に入って行くことへの不安が募る……。

しかし幕府は天皇＝王城を守る責任がある。天皇の身辺と住居である王城に不安があってはならない。松平容保は文久三年（一八六三年）、1000の兵と共に京都に向かった。

＊

では当時、京では何故こんなにまで混乱と戦乱が続いていたのであろうか。そこで時代をもう少し遡ぼってみよう。

一六〇〇年の関ヶ原の敗戦により、中国地域の二〇〇万石の大大名毛利藩が僅か三六万石の小大名、それも西のはずれ長州に移封されたのです。降格されて二六〇年間、恨みの中で過ごした長州藩。

それにひきかえ関ヶ原に参加はしたが参戦せず、藩の大きさは六〇万石そのままといううう狡猾さで二六〇年を乗り切った薩摩藩、その狡さと政治手腕は他藩の比ではなかった。

片や全く正反対、死に物狂いで倒幕を戦った長州は可哀相なくらいである。

安政六年（一八五九年）、吉田松陰30歳。長州の学問と思想の中心人物でもあったが、安政の大獄により、斬首の刑に処せられている。

　身はたとい　武蔵の野辺に　朽ちたとて
　留めおかまし　大和魂

（松陰辞世の句）

一方、薩摩藩は維新の活動だけを見ていて、じっと世の動きを見ている西郷。それが会津の松平容保がお守りしていた王城の主である孝明天皇が一八六六年に崩御されると、薩摩はサーッと動き出し、幼帝（明治天皇）を担ぎ上げて錦の御旗を翻して数万の幕府軍を蹴ち散らし、一挙に江戸に上ったのである。

# 第三章 新しい明治の発展

## 「版籍奉還」と「廃刀令」

殿様の領地を取り上げ、中央政府に渡す「版籍奉還」。そして武士階級の特権を消滅させた「廃刀令」。

地方分権＝封建国家であった、７００年も続いた封建国家をつぶして中央集権国家にしてしまった、その主役、西郷隆盛は殿様や武士の不満を一身に受け、その責任を取って中央の最高権力者の座から降りて、一人薩摩に帰って行った。そして明治一〇年（一八七八年）、日本の国を身をもって守った偉人は城山にて武士の最期を遂げた。

一方、西郷の意を託された大久保利通は、中央集権国家の政策に突き進んでいった。各地での小さな動乱には微動だにしなかった。西郷から託されたことは、最早、我が国の地域の力では外国の攻撃には勝てないことを身をもって知っていたからである。大久保利通と佐賀の大隈重信は共に、新しくて強い国づくりに邁進するのであった。

第三章 新しい明治の発展

まず列強に太刀打ちするためには、経済を強くしなければならない。そのためにと産業・経済の一流人の渋沢栄一を迎えた。そして、次のような策を講じた。

一、今までの物納税を金納税に変えた
一、「廃藩置県」によって、全国の殿様の権益を奪った
一、陸軍省・海軍省をつくった
一、東京―横浜間に鉄道を通した（明治五年）

政府は渋沢栄一を加えて、次から次へと企業を興した。そして企業を作って利益が上がるようになると払い下げた。

時の政府の素晴らしいところは、1名たりとも公務員を作らなかったのである。

　　北海道の炭坑　秋田の鉱山　足尾銅山　富岡製糸工場　各港の整備　北九州の大規模製鉄所　長崎の造船所

次々と手掛けて、民間に払い下げていった。

これらの全てを大久保利通・大隈重信・渋沢栄一等は三井・三菱・大倉・安田・住友ら財閥に次々と払い下げた。そしてそこから上がってくる売却金や税金でもって、新生

明治を動かしていった。

成果はみるみるうちに上がり、この経済政策路線は明治一〇年～二〇年、そして三〇年へと続けられていったのです。

時の大時代を画した西郷隆盛は封建時代の全てを払拭して、それまで権力を握っていた武士を奈落の底に突き落し、時代の推移を自覚させ中央集権国家をつくったのです。しかも、その武士らの苦しみの責任を一身に受けて前述のように薩摩に帰り、潔く散った。

また、この大混乱の日本に近代明治の路線を見事に敷いた大久保利通も、また盟友の西郷を追うように明治十一年東京・麹町の紀尾井坂で暗殺された。この大久保利通、明治二十二年に襲撃された大隈重信、また渋沢栄一の敷いた路線は後に伊藤博文・山県有朋・大山巌等に受け継がれ、明治という時代を継承していきました。

当時、大久保利通らが国営企業として興し、そして払い下げた事例——他にも数多くあったが名の残るもののみ拾い出してみると左頁の表になる。

44

## 明治政府の払い下げ企業

| 企業名 | 払い下げ年 | 払い受け先 |
|---|---|---|
| 生野銀山 | 1868～96 | 三菱 |
| 佐渡金山 | 1869～96 | 三菱 |
| 高島炭坑 | 1873～74 | 三菱 |
| 三池炭坑 | 1873～88 | 三井 |
| 釜石鉄山 | 1874～83 | 田中長兵衛 |
| 阿仁銅山 | 1875～85 | 古河 |
| 院内銀山 | 1875～84 | 古河 |
| 長崎造船所 | 1868～87 | 三菱 |
| 兵庫造船所 | 1871～86 | 川崎 |
| 深川セメント | 1874～84 | 浅野 |
| 富岡製糸工場 | 1872～93 | 三井 |
| 新町紡績所 | 1877～87 | 三井 |

その他　徳川幕府が作り明治政府に渡り、後に払い下げられたものに、東京砲兵工廠、板橋火薬製造所。他にも多々あった。

一方悲しきかな王城を守るべく1000の大軍を率いて、京に君臨していた会津藩は敵と戦うどころか、今まで天皇をお守りする当然のごとく味方であったのがあっという間に賊軍にされてしまった。味方はチリヂリに逃走し、戦にもならなくなってしまった。江戸でも「錦の御旗」を見た諸藩は戦うことも出来ず、ただただ恭順の意を表すばかりであった。

## 八重の桜が散る頃に……

悲しいかな王城の守護職として京に赴き、荒れた京を鎮圧していたのに今、天皇の旗は薩摩・長州に立ち、会津は薩長軍に大砲を撃ち込まれている。これも時の流れか――。「徳川幕府に良いことをした」「本家のお手伝いが出来た」と思っていたのも束の間、7年間はあっという間に過ぎ去り、明治元年の九月二二日、頑張り続けた会津の城はついに開城した。敵に奪われたのである。

ここで少々私事を申し上げると、私の祖母は明治九年、会津の生まれ。まだまだ江戸

## 第三章 新しい明治の発展

が色濃く残っていた時代です。明治新政府は新役人を送り、これでもかこれでもかと、旧武士を追い立てました。祖母の父も武士で、会津にいられなくなり、阿賀川に沿って新潟に逃れました。

祖母は新潟市内の古町で育てられたと言います。そこは昔、祖祖母が新潟より会津に嫁に行ったところだそうです。祖祖母の名は斉藤刀自（トジ）。

その子供の祖母に幼年期、小学校時代を育てられたことは私にとって、江戸・明治に触れたようで心の財産だと思っています。

その話の続きをもう少しお許しください。

昔、小学校2年の夏、戦後まもなくで、電車はもちろん汽車もまともに走ってない時代でした。朝早く横浜を出発して、いつまでも来ない列車（汽車）を高崎あたりで4〜5時間待っていました。時は午後3時〜4時、後にやって来た列車に乗り込みました。

新潟平野は真っ暗で右も左も田んぼの中。誘蛾灯の灯（あかり）だけが寂しく点（つ）いていました。

新潟駅に着いたのは、もう夜10時頃だったでしょうか。小学校2年の私が、そこでひと夏を過ごしました。

そんなことを思い出しながら、いつか再び会津に行ってみたい。そう念じましたが、

その術もなく時が過ぎ、大学時代もやがては終わる、ちょうど4年生の夏の終り頃だと思っています。新潟の港町付近に住んでいる大学の友人と親戚の増井庄之助の家を尋ねました。本当は会津に行きたかったのでしたが……。

祖母の森下クラを育ててくれた増井庄之助はもうおりませんでした。その港町を網の目のように流れている運河はそのまま残っていました。懐かしい思いがしました。

朝は櫓漕舟が回って来て、野菜やスイカを売りに来るのです。また各家には自家用の舟があり、老若男女、皆櫓を巧みに操って出掛けて行くのです。もちろん自動車などはありませんから唯一の交通機関でした。

この家から祖祖母の斉藤刀自は幕末、会津に嫁に行ったのです。

川を行き山を越え、嫁に行ったのですから二度と生家になど戻れなかったのでしょうね。そんなことを思いながらの帰り道、汽車に乗って新潟を立ちました。広い広い平野を汽車はひた走って行きました。

長岡、浦佐、六日町と走るにつれて、満員だった車中から1人2人と降りていきます。やがて左手には八海山が見え、前の座席には女性が1人。気が付いてみれば私と2人き

## 第三章 新しい明治の発展

りになっていました。八海山を通り過ぎれば越後山脈があります。小さな駅舎で、2、3人の駅員がいたでしょうか。その女性と2人きりになってみると旅は道連れ、話をしたくなりました。

「私は、川端康成の『雪国』が好きです」と話かけました。前に座る彼女も文学好きだとみえて、会話が弾みました。2人共、駒子が好きでした。そのうちに越後平野も登りに掛かり、八海山がくっきり見え、越後湯沢の駅に差し掛かる頃には、時の経つのも忘れるようでした。

湯沢の駅舎を過ぎ、清水トンネルの中に入っていきました。長いトンネルを抜けると関東平野です。

川端康成の言を借りれば「国境の長いトンネルを抜けると雪国であった」が……。現実には関東平野です。ほんとうはすごく広大な関東平野です。しかし下りのせいか列車は早く早く走ってしまう気がして、時間の経つのが速く、名残惜しい気持でいっぱいでした。

越後山脈を抜け、赤城山を背後に見えるようになると前橋、高崎です。その頃になると、人が次々に乗り込んできて周りの人が入れ替わったように車内の人数が増えてきました。

49

新潟の平野を登っていた頃ののんびりした空気とくらべると、えらく雰囲気が違っていました。関東人という感じです。
やがて終着駅の上野で彼女と別々の道を行くのかと思うと、なんとなく寂しく、チョッとドキドキした気持で、
「上野に着いたら食事をしていきませんか」
と誘いますと、背のスラッとした彼女は2歳くらい年上でしょうか、大人びて見えたその女性は微笑みながら、
「貴男っていい人ね」と言いました。

西郷さんの銅像を見て上野の料理屋で食事をしました。新潟の港、越後湯沢の山あいの温泉の話など尽きることなく楽しいひと時でした。別れ際に彼女が何か紙切れをくれたような記憶もありましたが、お互いに名前も聞かず別れました。そんな時代でした。
もう少しで社会人、それも「職人の小僧になるんだ」、そんなことを心に言い聞かせ、横浜に向かった夏の終りでした。
当時の私は、家業の畳屋を継がず、大学進学をさせてもらいました。大学4年間は父

## 第三章 新しい明治の発展

親からは放し飼いにしてもらい、自由を満喫させてもらったことを、今でも感謝しています。私も父親の気持ちが分かっていたからなおのこと、これから先、一日一日がこんなに楽しいことなどもうないだろう。大事に生きようと思っていました。

我が人生において、たった4年間だが、大事な大事な4年間でした。

つい私事を述べさせてもらい、そんな時代もあったのかと述懐させていただきました。

話は明治の会津から、昭和四〇年の越後へとそれてしまい、申し訳ありません。話を元に戻します。

近代の夜明けについて話をすすめます。

ここからは日本が新しくなる京都維新、新しい時代について書かせてもらいます。

いつまでも小国で後進国だと思っていたのに、急激な経済発展に、世界の目は日本の発展のストップに一斉に動き出しました。

まず、日清戦争一八九四年（明治二七年）にはじまった戦に勝利し、次には何とヨーロッパの強国ロシアを相手にし、一気に世界の視線を集めた日露戦争、一九〇四年（明治三七年）です。

# 第四章　太平洋戦争の敗戦処理

## 貴い血を流して創った日本帝国

　時代は移り、明治初期の大久保利通をはじめとする多くの志ある者たちが血を流して創った日本帝国は、西欧諸国に馴染めずに、余所者扱いを受け、意地悪をされ、あげくの果てに喧嘩を売られている状態でした。つまり四面楚歌の状態だったのです。そこで起こった日清戦争、日露戦争。その後は、ABCD包囲陣（A＝アメリカ、B＝イギリス、C＝中国、D＝オランダ）を敷く国々に経済封鎖をされ、止むに止まれぬ状況下で、ついに一九四一年（昭和一六年）一二月八日、太平洋戦争に突入したのです。

　時にアメリカ領ではハワイを、東南アジアではシンガポールの要塞を中心に攻撃しました。中でも西欧諸国の陣取るアジア地域は徹底的に叩きました。しかし強いアメリカ軍、その司令官であるマッカーサーは、オーストラリアまで逃げましたが「I shall return」の言葉のもと、アメリカ本国からの援軍とともに太平洋を勝ち上って北上して

第四章 太平洋戦争の敗戦処理

来ました。それとは別にトルーマン大統領は海軍に命じて原爆を2発も日本に落とし、攻め上って来ました。一九四五年八月一五日、天皇の終戦の詔(みことのり)が発せられ、戦いは終りました。

話はちょっと裏話になりますが、日本の敗戦がもう少し遅れていたら……実はソ連軍が北海道に侵攻してくる直前だったというのです。原爆が落ちていなかったら、もう少し戦が長期化していたら、ソ連軍は北海道に上陸していたでしょう。そうしたらドイツと同じように日本も国を二分され、日本の苦難は想像を絶することになったと思います。なぜなら、ソ連というソ連軍が侵攻して来なかったことは大変によかったと思います。国は戦争で勝ち取った領地は返さないのが鉄則の国です。

しかし日本の原爆の犠牲も大変に大きかったのはご存じの通りです。

## マッカーサーの活躍と負の遺産

一九四五年(昭和二〇年)八月二九日の午後二時。灼けつくような夏の日差しが照り

付ける厚木飛行場の軍用機から1人の大柄なアメリカの軍人が降り立ちました。サングラスをかけ、右手に大きなコーンパイプを持ったその人物の名はダグラス・マッカーサー。

戦後日本の占領政策に全権をふるった連合国軍最高司令官その人です。それから☆☆☆☆☆の五ツ星マーク（元帥）の車は長後街道を経て東海道より一路、横浜に向かいました。

横浜は見渡す限りアメリカ軍の猛攻撃により瓦礫（がれき）の地でした。その中で1棟だけポツンと残っていたホテルニューグランド（きっとホテルニューグランドは攻撃しないようにとの指示が出ていたのでしょう）へ。

かつてマッカーサーが新婚旅行で東洋を旅した時、横浜に寄っています。その時に泊ったのが、このホテルだったのです。

夕映えの残る横浜の港。大きな戦いを終え、海を見下す3階のレストラン。マッカーサーは感無量だったでしょう。4年もの激戦を重ねたあと、今、日本の横浜にいるのです。海には軍船がひしめき合い、陸は戦車・軍人でおおわれていました。その向こうには鶴見・神奈川の小高い丘が黒いシルエットとなり横たわっています。マッカーサーの

## 第四章　太平洋戦争の敗戦処理

手には安らぎを求めてバーボンのグラス。

その日から3日後の九月二日。東京湾の金沢沖に停泊中の戦艦ミズリー号の艦上において終戦の調印が行なわれました。

アメリカ側は、マッカーサー元帥。
日本側は、全権である外務大臣重光葵でした。
海には連合国の無数の艦船群が遊弋し、空には数百機の軍用機が旋回し、戦争の結末を劇的なまでに演出していました。

それからまもなくマッカーサーは居をアメリカ大使館に移し、東京のお堀端の第一生命ビルに、GHQ総司令部を設置しました。昭和二〇年九月一七日のことでした。
マッカーサーは執務室において、ほとんど面会を控えていました。ただひたすら考え続けていました。この日本という国を、いかなる方法で統治するのがベストであるのか、さらには、いかなる形態の国にするのがアメリカにとってベストなのかを考え続けていました。そして押し寄せてくる共産主義国家に対し、いかにすべきかを模索し続けたのです。そして日本の支配者として、次々と改革を行いはじめました。
ときにマッカーサー65歳。7000万の日本人の支配者になったのです。まず、手掛

57

けた日本占領統治の骨子は次のようなものでした。

● 新憲法の制定
● 新しい法律の制定
● 軍部の解体・財閥の解体
● 議会制民主主義の確立
● 婦人参政権の実施
● 政治犯の釈放
● 農地解放
● 超インフレを鎮静化するための増税
　（その中に相続税を新設）
● 自由な労働組合
● 報道と教育の自由
● 警察による弾圧の禁止

これらの骨子を明文化したのが新憲法です。新憲法の最重要項目が第9条でした。

## 第四章 太平洋戦争の敗戦処理

戦争の放棄と交戦権の否認。

以上の内容の新憲法を国民に認めさせるために、「自由だ」「平等だ」「個人の生きる権利はあるんだ」などと、おいしい言葉を並べ立て戦前戦中には考えられない言葉を駆使して、日本国民に「アメリカは新しい時代を持って来たんだ」と喧伝し、新憲法を国民に認めさせたのでした。

その結果、日本の良き伝統・良き文化・人間関係はみごとに改変され、破壊されてしまいました。

日本の国を守ろうとして犠牲になった多くの将や兵は、豊かな伝統の心を持った人々でした。それがマッカーサーの攻略によって雲散霧消してしまい、義理も人情もない競争社会に組み込まれてしまったようで悔しくてなりません。

裏を返せば、日本の武力の永久放棄と、日本の国土は狭く秩序がなければ統治できないので、アメリカの統治しやすいように憲法を押しつけてきただけなのです。アメリカ先住の民インディアンのものであり、とてつもなく広く、いくらでもあるのです。そのアメリカの憲法を日本に持ち込んだのですから、日本の国土が無秩序に壊され、里山も小川も田も畑も、統治しやすくするためみんな平均化され、村々が

独自の集落にならなくなってしまったのです。入会権（※66頁参照）にも個人の権利の分だけ評価して、固定資産税をかけるのだと言うのですから……。

## 日本の里山を、文化を壊した二つの税金

① 固定資産税

日本の固定資産税は世界一図抜けて高い。

広い土地に住んでいる多くの人は、節税とウソぶく大手不動産業者に引っ掛かって、アパートを建てさせられ、ちょっと古くなると空き家が次々と出て、節税どころではなくWパンチを受けているのです。第一に日本の人口は減っているのですから……。

「公共アパートなど絶対に建てるな！」と私は常々言ってきたのです。なにせ我々の税金を、ただ同然に使って作ったアパートですから家賃も管理費も安いに決まっています。まして固定資産税も他の税金も払わない公共施設としています。固定資産税対策で「この方が安全ですよ」の業者の口車に乗って建てたアパートは、10年経てば空き家で

第四章 太平洋戦争の敗戦処理

ガラガラ。私達が納めた税金で私達が首を締められるのです。こんなことってアリですか。

② 相続税

『歴史の鉄則――税金が国家の盛衰をきめる』の渡部昇一氏は著書で、「相続税なんか有史以後なかった国を壊す酷税である」と言い切っています。

親が亡くなり、どこからも一銭もお金が入ってこないのに、親の財産を受け取り相続しただろう、受け取った利益が発生したんだ。だからそれを売ってでもお金を国に支払え。つまり相続税を出せとメチャクチャをいうんです。今では親が死にそうになると慌てる子供たち。相続税を取られて俺たち住むところがあるのかと、怯えている現代の人々なのです。

これって、まったく変ではないのですか。

話が前後しますが、戦争中の話をもう少し書きます。あの戦争で多くの将兵が戦死しました。しかし意外に思われませんか。実は戦争中の国民の死亡者数は少なかったので

61

す。何故でしょう。それは日本国土に危険が迫ると、国家命令で学童疎開（※66頁参照）とか強制疎開という言葉で表わされるように、群馬県や栃木や長野・埼玉県のような各地に多くの大きな家（農家）があって、そこで受け入れ住まわせてくれたからだったのです。まさに人情のある国家日本の姿でした。

とても今のご時世では出来ないことでしょう。当時は家が大きかったし、何世代も家族があり、お国のため、非常時ですから、忍耐強い日本人は、同胞愛で皆受け入れて共同生活をしたのです。赤の他人同士が……。今の世、こんなことを受け入れることが出来ると思いますか。

## 負の遺産の象徴、相続税は有史以来、初の政策

さて、これからはマッカーサーの政策の具体的な内容に話は移ります。

戦争直後、日本は激しいインフレーションに襲われました。ドイツでもイタリアでも戦争に敗けると物資を急激に戦地に送り出すものだから、国内の物資（食糧・鉄・農機具・船舶など）が著しく不足して、激しいインフレーションになるのです。そこで昭和

## 第四章 太平洋戦争の敗戦処理

二四年(一九四九年)、アメリカからシャウプ(コロンビア大学教授)、ドッジ(デトロイト銀行頭取)を呼びました。戦後の物価の鎮静化と日本の税制を見直し、策を練りました。

これが世に言う「ドッジ・ライン」「シャウプ勧告」なのです。

要するに国債の発行は一切認めず、自国の税金のみで経済運営をするように指示したのです。その内容を詳しく見てみましょう。

- 個人所得税の増額
- 労働控除(給料の控除項目)の減少
- 法人税の増額
- 地方税の増額
- 絹織物への課税

63

# 富裕者に対する富裕税

## 相続税の罪

諸悪の根源と考える相続税です。前述しましたように、どこからもお金が入って来ないのに親が亡くなると、親から財産をもらったから、当然、所得である。所得があるとみなされ、田・畑・家・山(当然、入会権も入っています)を売ってお金を納めろと政府は取り立てます。30パーセントくらいの金額をとられるのです。

このような策が功を奏して、戦後の超インフレーションは鎮静化しました。

これはあくまでも戦時法であり、事が成せば当然なくなってしまうべき税金です。しかし相続税だけは残ってしまうのです。日本の国土が山が集落が、人情が壊れていくのを知りながら、それを見ながら日本国政府は安直にお金が入ってくるのをあてにして、60年間も相続税の制度を続けてしまったのです。

### 一世帯の人数

| | |
|---|---|
| 昭和 5 年 | 5.52 人 |
| 〃 15 年 | 6.6 人 |
| 〃 20 年 | 5.2 人 |
| 〃 40 年 | 4.1 人 |
| 〃 50 年 | 3.19 人 |
| 平成 2 年 | 2.78 人 |
| 〃 17 年 | 2.38 人 |

第四章 太平洋戦争の敗戦処理

これからも相続の控除額を引き下げ、益々ドル箱になる様相。相続税を廃止するなど国会の論議に上がってないので、70年も80年も続けるのでしょう。

相続税の最大の罪は大家族を小家族にバラバラにしてしまったことでした。その傾向を裏付ける国勢調査のデータが右頁にあります。

家族が6人いた時には社会保障費は日本にはありませんでした。また、昭和四〇年代、2・3人家族になると、一気に20兆円に社会保障費は跳ね上がるのです。そして今2人強の家族ですと、27兆円超です。我々が納めている税金の三分の二は社会保障なんです。

4人家族がいた頃は国債発行は1兆円以下だったのでした。ところが平成一七年、2・3人家族になると、一気に20兆円に社会保障費は跳ね上がるのです。そして今2人強の家族ですと、27兆円超です。我々が納めている税金の三分の二は社会保障なんです。

また、そうなってしまったのです。こんなに公務員の保障とお年寄りの保障に金の掛かる国にしたのはみんな国家官僚だ。当然のことその責任をとれ！

こんなことで本当にいいのでしょうか。

日本国政府の政策は増税に次ぐ増税の拙策でしかありません。こんな相続税を続けては家も家族も人情も助け合いもメチャクチャです。

個人情報の保護ばかりを重要視し、行動の自由と平等を謳（うた）い過ぎ──助け合い、共に隣の家と近所を守る気持は悪いことだと決め付けてしまったのです。この考えはここ10

年、顕著に表れている事実です。
こんなことで100年後も日本は存続していられるのでしょうか。
そして、このまま働き手が減少していき、さらには社会保障はドンドン増加し、日本は崩壊していくでしょう。
民間納税者の少な過ぎが、個人個人により大きな負担を強いていることを、政府はよもやご存知ないなんて言いませんよね。

※入会権＝一つ二つの山を村または数軒の家々が共同して利用すること。薪（まき）や炭の原料や木の実を採ったりする権利。
※疎開＝戦争の末期、敗戦の色が濃い中、学童などを守る手段として国家の命令で、戦火が遠い地域へ都会に住む子供や大人を移動させること。受け入れ先としては一軒の農家や大きな屋敷とか寺へ人々が受け入れてくれる人数だけ移動して住み込ませてもらったことです。

第五章

## 時は流れて大正、昭和と……

# 日本は世界に勝ったのだ

 平成二四年五月頃のことであった。中年の紳士が私の事務所に訪ねて来られました。そして私に向かって沈痛な面持で、
「あなたは太平洋戦争をどう思っていますか」
と唐突な質問をされました。そして、私の本『マッカーサーの占領政策は本当に日本を再生させたのか』を読んだとも言われました。私は、
「失礼ながら何年生まれでしょうか?」
と質問すると、
「昭和二年です」
との答えでした。
「それでは太平洋戦争最後の少年兵ですね」

## 第五章　時は流れて大正、昭和と……

と言うと、その紳士は、

「私は少年兵として参戦しました」

一呼吸する間もなく、私は、

「太平洋戦争を日本が戦ったのは、大変に良いことをしたと思っています」

と答えました。それは何故か。つまり、こういうことなのです。

日本は一九四一年（昭和一六年）、ハワイの真珠湾とマレー半島のシンガポールを攻撃しましたよね。

これは世に、日本の「奇襲攻撃」だと言われていますが、真実は日本の駐米大使の手違いで宣戦布告の時間を数時間遅れてアメリカに通告したのです。大使館の重大なミスには違いありませんが、日本国のミスでもあったわけです。

とにかく終戦の一九四五年（昭和二〇年）の八月一五日まで、イギリスをはじめオランダ、オーストラリア、フランス等を東南アジアで叩き、アメリカをも叩きました。しかし結果はアメリカに散々に反撃され、原子爆弾を2発も落とされました。

そして敗戦。

でも私はその紳士に言いました。

「日本は200万人の将兵と多数の民間人が死んでいった……。
しかし、その後はどうでしょう。一九四六年、四七年、四八年、四九年、五〇年、五一年（日本は独立しました）、五二年、この七年間の間、今まで欧米諸国の植民地、奴隷になっていたアジア太平洋の諸地域では、欧米の軍隊が逃げていなくなると次々と民族運動が起こりました。パキスタン・インドはイギリスから、インドシナ半島ではベトナム・ビルマ・マレーシア・カンボジアなどはフランスやイギリスから独立しました。フィリピンはアメリカから、インドネシアはオランダ・ポルトガルから独立しました。台湾は日本からと各国は諸外国から独立しました。
こういう結果をよく考えてみてください。
日本は多くの血を流し、環太平洋の諸地域において、大変に良いことをしたんですよ」
と答えました。
その紳士は、
「そうですよね、そうですよね」
と自分の心に言い聞かせるようにして、今度は晴れ晴れとした表情で帰っていかれました。

## 第五章 時は流れて大正、昭和と……

この日本のアジアに対する功績を世界中に喧伝するような代議士はいないのですか。これは日本の多大な犠牲のもとに世界が動いたのです。こんなに功績のある国なのに、昨今の日本を見ていると、北も南の島々も外国に攻め入られ、反撃も出来ない国情なのです。

全く悲しい限りです。

もう一つ書いておきたいことがあります。

ここまでアジアにおいて日本の功績を書きましたが、世界史から西欧諸国の行動を見ますと、昔、ヨーロッパは封建時代がありました。そして、この時代は長く続きました。

その中から、スペイン・ポルトガル・オランダが抜け出したのです。コロンブスに代表される大航海時代です。コロンブスやバスコ・ダ・ガマなど先駆者の後を追うように、海外に軍隊が進出し始めました。帆船に鉄砲・軍隊・宣教師を乗せて各地を攻めたのでした。

そして多くの地域を植民地にしたのです。

これが前期植民地帝国主義時代です。

一六〜一七世紀でしょう。

その後はイギリスが力をつけてきてスペインを凌ぎ、後期の植民地獲得の帝国主義は、イギリスを中心に西欧の諸国は先を競って世界中の先住民を自国の奴隷にしてしまったのです。

この辺りのことは前著を読んでくだされば お分かりになると思います。

一九四五年（昭和二〇年）、日本は敗戦となりましたが、世界史を大きく動かしたのです。今までの植民地獲得の帝国時代をみごとに消滅させてしまったのです。反対の解釈をすれば、日本は敗けたのではなく、世界に勝ったのです。世界の奴隷民族をみごとに救い、独立国とさせたのです。

72

# 第六章　吉田茂の時代（昭和二二年〜二九年）

## 引き抜かれた国家官僚たち

吉田茂は戦前、戦中はアメリカとの戦争反対を唱え続けて陸海軍に嫌われ、イギリスに追いやられていました。戦争が終わると、日本に帰って来ました――。

話は少し戻りますが、マッカーサーの政策に食らい付き、必死についていった吉田茂(外務官僚＝T大法学部出身)は考えました。

昔から自由党、民主党にいる国会議員では考え方が古すぎて、マッカーサー憲法についていけない。そこで自分の古巣である官僚を代議士へ転身させ、内閣の中枢部へと引き上げ、国政を司らせようと試みた。

引き抜かれた中堅の官僚はこぞって日本国中から立候補して当選し、戦後の国家経営にあたることになった(ここで注意しなければならないことは当時は中選挙区制であっ

第六章 吉田茂の時代（昭和二二年～二九年）

たこと。3～5人区であったので新人でも当選の確率が非常に高かったことです。これも功を奏した。これが追い風となり、官僚を辞めて国政に立つ者が多かったのです）。

数えるだけでも枚挙にいとまがない。

代表的な人物には、

　　岸　信介
　　池田勇人
　　灘尾弘吉
　　大平正芳
　　佐藤栄作
　　宮沢喜一
　　福田赳夫

『小説吉田学校』・戸川猪佐武著より

ほぼ全員がT大法学部卒で、違うのは池田勇人の京都大学と大平正芳の一橋大学卒。彼等はその意味で肩身の狭い思いをしたとの声が伝わっています。当時はT大法学部卒は国民にとって神様のように見えたのでしょう。

その間、一九五〇年(昭和二五年)、朝鮮戦争が起きてマッカーサーは大いに武勲をあげ、日本経済も上げ潮に乗った。そんな時代背景の中で、一九五五年(昭和三〇年)には自由党の吉田茂と民主党の鳩山一郎は神田駿河台の中央大学講堂(国会を見下ろすところにあった)において、保守合同を成功させ、戦後の安定政権時代に入っていきました。

一九五五年～二〇〇〇年、安定政権の中、社会党は総選挙でいくら頑張っても全体の三分の一の議席の政党でした。

安定政権の中、経済成長もめざましく、昭和三五年(一九六〇年)の池田内閣から昭和四六年(一九七一年)の佐藤内閣までに、税収は3兆円から13兆円にもなったのです。世の常ではありますが、戦中、戦後の苦しかった国情を詳しく知らないT大出の代議士と二世・三世の代議士が増えるにつれ、本来日本を守る高邁な精神に欠けた、そして私利私欲しか考えられない代議士が増えてきたのです。

「日米安全保障条約」があるから、日本の国土はどこからも攻められない守り神がついていると勝手な解釈をし、日本の安全を本気で守ろうとする意欲に欠けた代議士の集団に成り下がってしまったのです。これは官僚も同様です。

76

## 第六章 吉田茂の時代（昭和二二年〜二九年）

佐藤栄作内閣が終わる頃は国債発行０円。それが次に田中角栄内閣が誕生すると、国を守るのではなく経済発展一本槍の「列島改造論」が一躍脚光を浴びはじめて、国債を次々に発行して建設ラッシュに入っていくのです。

戦後復興の「吉田学校」は終わってしまいました。

しかし、官僚を次から次へと持ち上げ、総理大臣にまでした「吉田学校」の反動も大きいものがありました。

それまでの官僚の態度が一変し、今までは代議士のお手伝いであったのが、もみ手をしながら代議士を使う、憂うべき立場の逆転現象が起こってしまったのです。

今日の予算を見て、国税収入が10パーセントもアップした年度がありましたか。頭のいいＴ大法学部卒が指示をして、代議士が踊っているのですから……。いいえ、こんな簡単な理論はとっくに分かっていて、誰かがババを引くのを待っているだけなんだと思います。箱物の維持費は急カーブで増大するのです。

これらは箱物行政の功罪ですね。

第七章

# 特別会計企業群を民営化しよう

## 実態をほとんど知らされない特別会計

「特別会計」という、ちょっと耳慣れない言葉ですが、今後の日本経営には大変重要な言葉なのです。

国の財政は大きく二つに分かれます。その一つが一般会計。これは税収……39兆円と国債を発行してお金にする42兆円くらいです。合計して81兆円。

二つ目は特別会計です。政府がほぼ全額出資している企業群です。経営するそれらにお金を出しているのです。私が入手した収支報告会計をご覧ください。(84頁参照)

もちろん、不足金は全額が国庫負担です。そのため企業努力が全然ありません。

一般会計は皆さんご存じの通り、その内容は国会で審議され、国民にも公開され、お金の入金と出金がよく分かり、政府運営の中心的なものです。

一方の特別会計は皆さんほとんど分からない、知らないと思います。しかし確実にお

金が出ていっています。政府が全額出資して政府の益になるような企業群で、約150団体くらいあると言われています。そこにも一般会計のお金が投入されるので、国家の財政は大変苦しいのです。50兆円以上が税金で補助されるのに企画は財務省、国会審議はほとんどスルー。この特別会計は政府には好都合でも、税を払う国民には実に不都合な存在です。総事業費は350兆円とも言われています。細かいことはほとんど国民に知らされていないし、その全容は分かっていませんが不足金は政府が出しています。

しかし確実に政府予算は投入され、官僚の天下り先になっていることは分かっています。例を次にあげます。公団・公社・独立行政法人・○○機構・○○経済研究所・NHK・国立大学・第三セクター……。それ以上は私がいくら資料を捜しても見つかりません。そんな実体も分からないのに、その企業会計の不足分を全て国家が支払っているのです。損益感覚が全くない企業集団なのです。困ったものではありませんか。

何故こんなに特別会計群が増えたのか。
国が補助しているのは53兆円とも言われています。何ですか、この大きな金額は。一体誰のための日本なのか──。

前述のとおり、平成六年頃までは中選挙区制（3〜5人が同一選挙区で当選する方式）で代議士が決まりました。ですので、ちょっと覇気のある中堅官僚は上を目指して代議士に立候補しました。

ところが平成六年以降、小選挙区になり、当選者は1人になったので、落選の危険もあるために頭のイイ輩はリスクのある選挙への立候補を取り止めて、特別会計に目をつけ、自分たちの身の振り方を特別会計に関係する団体への安全かつ旨味の多い天下りへと転換したのです。目敏（めざと）いですね、官僚は。

そこで特別会計にガンガンお金を流し込み、天下り先を膨れ上がらせたのです。資料は全団体分あるのですがここは紙面に限りもありますので、一部抜き書きで特別会計を84頁に紹介してありますので、ご参考にしてください。

東京大学が出たのでついでに国立大学も左頁に抜き出してみました。世界の大学と比較してください。

何故こんなに世界の一流大学群は、私立なのでしょうか。絶えず無駄を消去して能率のよい勉強をしてるのでしょうか。

第七章 特別会計企業群を民営化しよう

## 世界の大学ランキング

| 1位 | カリフォルニア工科大学（アメリカ） | 私立 |
|---|---|---|
| 2位 | スタンフォード大学（アメリカ） | 私立 |
| 3位 | オックスフォード大学（イギリス） | 私立 |
| 4位 | ハーバード大学（アメリカ） | 私立 |
| 5位 | マサチューセッツ工科大学（アメリカ） | 私立 |
| 6位 | ケンブリッジ大学（イギリス） | 私立 |
| 7位 | プリンストン大学（アメリカ） | 私立 |
| 30位 | 東京大学（日本） | 国立 |
| 57位 | 京都大学（日本） | 国立 |

イギリスの大学教育雑誌　Times Education による
（2012 〜 2013）

## 特殊法人の特別会計

| 名前 | 政府<br>投下資本 | 1年間<br>交付金 | 損益 |
|---|---|---|---|
| NHK | 8700億 | 不明 | △530億 |
| 奄美群島振興開発基金 | 160億 | 不明 | △ 56億 |
| 港湾空港技術研究所 | 140億 | 12億 | 0.28億 |
| 農産生物資源研究所 | 403億 | 34.9億 | 100億 |
| 種苗管理センター | 93億 | 1億 | |
| 東京大学 | 1兆3150億 | 100億 | |
| 京都大学 | 3887億 | 137億 | |
| 科学博物館 | 816億 | 12億 | |
| 国立青少年教育振興機構 | 961億 | 21億 | |

※　公務員共済年金も非常に多い　　　　　　　　　　　※単価は円

# 今、世界の一流大学は私立

83頁の表のように世界の大学の上位には私立大学がズラリと並んでいて、互いに競争です。

日本はどうでしょう。競争はない。月謝は安い。設備はタップリある。官僚になれば無競争で甘い蜜の桃は待っている。死ぬまで二次・三次天下りとお金は黙っていてもつていてくる。「どうして競争の中に入ろう」なんて思うものか、というところでしょうか。

ちょっと例を挙げてみますと、社会保険庁などにはお金が集まって集まって、初代の長官などは「こりゃいい、いいシステムだ」と言ったとか。

そうなんです。お金は集まり放題、そのお金で全国あちこちに保養所だの娯楽施設を次々と無計画に建て、自分で汗水たらして仕事をして集めた金ではないので、使い放題。これを新聞に叩かれると、1億円だ、10億円で建てた施設を、いとも簡単に10万円だの100万円だので売却してしまって、あとは知らん顔の半兵衛を決め込むんですから。

そのシステムに上手に乗っかるのが高級・中級の官僚。彼らは一次天下り、二次、三

次と死ぬまでお金が入ってくるのです。特別会計を利用した巧みな蜜のシステムを作ったのです。ほんとうに悪い奴らです。

同じように県でも市でも、こういうシステムがいっぱい残っているのです。県立施設などで80歳くらいの留守番をしているおじいさんがたむろして、県から給料をもらっているのを見たことがあります。

彼らは何の研究者でも専門家でもないのです。それが天下りするのです。市営バス・市のゴミ収集・公営地下鉄・守衛さんなどの組織はみんな民間に売って一般人を採用すれば、うんと税収が上がります。その売却益で国債を買い戻しましょう。県でも市でも我々の税金で食べている全く手の付けられない役人です。自分の勤めている会社が総支出の半分しか収入がない非常事態なのに、給料を満額ももらって平気で働いていられるでしょうか。

社長の総理大臣は日本の経済なんかどうでもいい、国民なんかどうでもいいと考えているとしか思えません。ただお金が欲しいと大節約は考えず、昭和五〇年代より国債を発行しだし、それが当り前のように毎年、毎年総支出の半分以上も借り入れ金である国債発行で賄っているのです。一度知った蜜の味は止められないのでしょうか。このシ

第七章 特別会計企業群を民営化しよう

ステムを納税者である私たちはどう考えたらいいのでしょうか。いつか大きな不幸か必ずや来ると……株の大暴落が待っているのです。
「吉田学校」が終わったと思ったら今度は……天下りの蜜の味。「役人を3年やったらやめられない」。日本の国が潰れても役人はヘバリ付いて自分の権利を主張するのでしょうね。熟れた桃に虫がつき腐り落ちるように、官僚が牛耳った時代も一刻も早く終わりを告げてもらわないと……こう私が嘆いている間にも、ノウノウと一次天下り・二次天下り・三次天下りと死ぬまでお金が入ってくるシステムにヌクヌクとしているんです。私たちの血税の中から大きなお金が一生彼等にはついて回っているのです。
一体こんな国に誰がした！

最初はよかった「吉田学校」も吉田茂が引退して発言力を失うと、今度は勝手に私利私欲に走る政治家が暗躍する。こんなバカげた暴挙にストップをかける者はいないのか。そして無能丸出しで、「増税だ、増税だ。国債発行だ」。それしか能がないのか、お役人さん。そして二代目・三代目のボンボン代議士さんたちよ。頭を冷やして次頁の表をよーくながめてくださいよ。

# 税収に対する国債の割合

| | | | | | |
|---|---|---|---|---|---|
| 一般会計 | イギリス | 歳入 | 税収 | 69兆円 | |
| | | | 国債 | 25兆円 | 28% |
| | | 歳出 | | 89兆円 | |
| | フランス | 歳入 | 税収 | 99兆円 | |
| | | | 国債 | 21兆円 | 17% |
| | | 歳出 | | 130兆円 | |
| | ドイツ | 歳入 | 税収 | 102兆円 | |
| | | | 国債 | 32兆円 | 23% |
| | | 歳出 | | 135兆円 | |
| | 日本 | 歳入 | 税収 | 37兆円 | |
| | | | 国債 | 44.3兆円 | 112% |
| | | 歳出 | | 92.3兆円 | |
| 日本の特別会計 | 累積国債　1100兆円　それもここ10年間で増えた。<br>事業規模　約150。<br>総売上約350兆円。<br>不足金は全て各省庁（国）が出している。その税金たるや53兆円。<br>ゆえに企業執念とか、企業努力がない。<br>赤字は当然国が埋めてくれると思っている。 | | | | |

※日本の累積国債1100兆円。それもここ10年で急激に増えたのです。上の数字を見ていかに他国は国債の発行の割合が低いかお分かりですか。
　　国家予算　2012年（平成23年）調べ

## 第七章 特別会計企業群を民営化しよう

他国の国家予算を調べてみると、ざっとこんな感じなのです。アジアの大国中国でも、自国のウラ金融が580兆円もあって危機に瀕しв(ひん)していると言われています。これが破綻すれば、当然日本の金融・銀行も大混乱するでしょう。それに国債もどうなるか分かりません。単なる増税だけで済む問題ではない深刻さがお分かりでしょう。

「国債とウラ金融とは別」という考え方もあるでしょう。しかし金融市場が混乱したら、国債だけが安泰だとはどうしても思えません。

銀行は身を守るために大企業・中企業に対して貸し剥い（貸したお金を強制的に取り上げること）をして身を守るでしょう。

結論としては、日本はもはや破滅するでしょう。当然、税金収入もなくなるでしょう。お金のない国が成り立ってゆく訳がありません。

それとも日本国家は「魔法の杖つ(え)」でもあるのでしょうか。もしかすると政府にはまだまだどこぞに〇〇埋蔵金でも隠しているのでしょうか。

この税収39兆円と借り入れの国債41兆円をいつまで続けられると思っているのでしょうか、是非ともただ今、安倍首相、官僚さん、答弁していただきたいものです。

ひょっとして、国債が破綻しても、大・中企業が破産しても国家官僚の身分は大丈夫だ、と思っているのではないですよね。

## 建築ラッシュとメンテナンス

例えば10億円の建造物（橋・道路・公園・公会堂・トンネルなど）を年に一つずつ造るとする。

そのメンテナンス代が仮に年間1億円（人件費を含む）掛かるとする。メンテナンス代はバカにならず、10年目には10件の建物が建つのだから、軽く10億円になりますよね。

毎年10億円のものを一つ造っても、メンテナンス料は10年目には10億円にもなるんです。税収にすると10パーセントずつ毎年上がらないと、10年間の建物10軒は維持できないということです。10年で合計は110億円の金額が必要になるんです。

第七章 特別会計企業群を民営化しよう

## 箱物建築のメンテナンス費用

| 10 |
| 10 | 10 |
| 10 | 10 | 10 |
| 10 | 10 | 10 | 10 |
| 10 | 10 | 10 | 10 | 10 |
| 10 | 10 | 10 | 10 | 10 | 10 |
| 10 | 10 | 10 | 10 | 10 | 10 | 10 |
| 10 | 10 | 10 | 10 | 10 | 10 | 10 | 10 |
| 10 | 10 | 10 | 10 | 10 | 10 | 10 | 10 | 10 |
| 10 | 10 | 10 | 10 | 10 | 10 | 10 | 10 | 10 | 10 億円 —— 建築代

10年目 / 9年目 / 8年目 / 7年目 / 6年目 / 5年目 / 4年目 / 3年目 / 2年目 / 1年目

十億円 / 九億円 / 八億円 / 七億円 / 六億円 / 五億円 / 四億円 / 三億円 / 二億円 / 一億円 —— メンテナンス代

10年目はメンテ代10億円と新築代10億円で、20億円かかるのです。

## 神奈川県における公共施設の維持修繕コストの推計
（30年間）

（億円）

| 期間 | 都市基盤施設 | 県有施設 | 合計 |
|---|---|---|---|
| H25〜H29 | 1,655 | 1,460 | 約3,115億円 |
| H30〜H34 | 1,688 | 1,460 | 約3,590億円 |
| H40〜H44 | 1,729 | 1,321 | 約3,050億円 |
| H45〜H49 | 1,739 | 2,129 | 約3,868億円 |
| H45〜H49 | 1,748 | 3,113 | 約4,861億円（▼ピーク時） |
| H50〜H54 | 1,827 | 2,466 | 約4,293億円 |

※神奈川県は、維持修繕コストの将来推計を行った。それによると2013年度から42年度まで、今後30年間に必要な費用は、公共施設全体で約2兆3000億円にも上るとしている。

内訳は、県有施設が約1兆2400億円、都市基盤施設が約1兆0400億円。33年度から37年度にかけて維持修繕コストのピーク時期を迎える。

（2013年〈平成25年〉8月30日　建通新聞より）

※箱物は作れば便利になるが、維持費はドンドン増えるんです。それには税金をドンドン増やさなければ維持できません。箱物の恐ろしさがお分かりになるでしょう。気がついてもストップはかけられないのです。

# 第八章 封建時代とは明かるい地方分権の時代だった

## 四公六民(しこうろくみん)とは

「オーイ、お代官様が来たぞ」
「また年貢(ねんぐ)の取り立てだ。今年は日照(ひで)り続きで、いつもは100俵(と)穫れるんだが、今年は80俵しか穫れねぇ」
「どうするべぇ」
「去年は40俵納めたが今年40俵納めたら、おいらの食扶持(くぶち)が少なくなってしまう。どうすべぇ、困ったなあ」
「ワーッ、お役人様が来た」
「去年は40俵だったが今年は、お殿様の都合によって45俵を納めてもらう!」
「大変だ……今年はどうすべぇ」

第八章 封建時代とは明かるい地方分権の時代だった

これは皆様もご存知のように江戸時代の農村の風景です。しかし実際は四公六民（四割が殿様、六割が農民）ではなく、年貢は3割5分（米が100俵穫れると、殿様が35俵、農民が65俵）くらいが実情のようです。

これを現代に置き替えてみると、所得税・消費税・酒税・タバコ税・ガソリン税・相続税・市県民税・固定資産税や健康保険料などで国家に強制的に納めているのは39.9パーセント、約40パーセントです。ですから江戸時代と何ら変わらず、却って高いくらいです。

ところで江戸時代と決定的に違うのは税を集める方法です。江戸時代はお米が穫れてから、税金（年貢）を取りに来たのです。

現代簿記ではこれを現金主義と言っています。ところが現代社会で公には「発生主義」を正式としています。

江戸時代の現金主義とは、お金が入ってきた時を売上として計上する方式です。つまり、収入後に税を支払っていましたね。

ところが現代の納税方式は発生主義で、これは現金が入ってこなくても将来お金が入ってくる権利が発生したら、これを売上として計上するのです。その方が一年間、ま

たは一ヶ月の正しい利益が把握できるという理論なのです。ですから発生主義で江戸時代の年貢を計算すると、「去年10俵穫れたんだから今年も10俵穫れるだろう」。だから、お米の穫れる前から、

田んぼを耕したら……四分の一
田んぼに水を張ったら……四分の一
稲の穂が出たら……四分の一
お米が穫れたら……四分の一

このように前取り税制が現代は当り前になっているのです——これが発生主義です。

現代の国税システムは企業にはまだ入金もないのに、去年と同額の利益を上げられるものと勝手に「看做し」て年3回か4回に分けて税金を前払いしなさい、というシステムなのです。

この文章を読んで皆さん、少しおかしいと思いませんか？　結局、このシステムでは納税者はお金を銀行から前借りして、国家に納める形になるのです。

「法人小企業は15年〜20年が寿命だ」と世に言われているのです。それも会社が終わる

第八章 封建時代とは明かるい地方分権の時代だった

時には、銀行・高利貸から多大の借入金を抱えて、また各個人からの借金を残して哀れにも倒産をしていくのです。
日本国政府はこれを見て見ぬ振りを決め込んでいるのでしょうか。我々零細職人にはまったくもって許せないことなんです。

## 江戸時代の税金制度とは

前述したように江戸時代には百姓のみが年貢を取り立てられた事例はよく知られています。しかし、それ以外の税のことについては、ほとんど知られていません。
江戸で暮す町民はどんな税を払っていたのでしょう。戦国時代から江戸時代初期までの江戸時代初期の幕府は放漫経営であったようです。
日本は、世界有数の金銀銅の産出国であったため、鉱山からの収入が膨大で財政黒字が続いていたためでした。お蔭で幕府成立時は天領からの莫大な収入のみで財政が賄（まかな）えていたために、幕府が藩に税を課す必要性はなかったのです。
やがて産出量がピークを過ぎ、鉱山からの収入が減ってきたため、江戸中期以降、財

政が苦しくなるのは当然の成行きでした。田沼意次時代、田沼は国税導入を検討しましたが、実現出来ずに終わっています。

また江戸時代初期までは、各藩が合戦で軍事力を提供する「軍役」の代わりに、幕府の公共工事を自発的に藩が手伝う、「御手伝普請」というものがありました。一七四二年（寛保二年）に「御手伝普請」が復活する以前は、全国的に主要な街道や河川などの公共工事費は幕府が自ら負担していました。

幕末に入ると外交や軍事面などで、幕府は外国から中央政府として扱われ、攘夷派浪士や攘夷派の藩が起こした事件に対して、外国から損害を請求されたため、財政は急激に悪化してしまいました。

幕府は権威低下により全国的に税を課したいが、思うように実行することは出来ませんでした。

勝手に地方独自で「独立自治」をやっていたのが実勢であった。全国的に課税した例外が2例だけありました。

その一つが、富士山の宝永四年（一七〇七年）の大噴火で、大被害を受けた小笠原藩を救済するために、一〇〇石につき二石（2パーセント）の税を、日本国中の百姓に課

第八章 封建時代とは明かるい地方分権の時代だった

した例があります。

もう一つの例が、享保七年（一七二二年）～享保一五年（一七三〇年）の八年間のみ、各藩に1パーセントの税を課したのです。その代わりとして幕府は参勤交替の江戸在勤期を半減することを条件にして実施されました。

この二例が幕府が全藩に行った税の中で主立ったものでした。

話を「御手伝普請」に戻しますが、この御手伝普請は各藩に指名するもので、その御手伝を軽くするために各藩は老中ら幕府中枢に競って賄賂を贈り、指名を逃れる悪癖を残してしまったのです。

賄賂を渡さなかった浅野家の忠臣蔵などは、その有名な例である。

では江戸八百八町はどうであったか、今の時代とよく比べて読んでください。

百姓が高い年貢（3割5分～4割）を納めるのに比べると、町人は驚くほどに安かったのです。

●所得税──ナシ
●住民税──ナシ

その代わり町名主は「火消し」「道路工事人」に、町人からお金を集めて渡しました（幕府ではないですよ）。

●相続税――ナシ

「なんとまあ、住みよい江戸であったことか」

これは他藩も同様でした。豊かな時代だったんですね。ただ町の自治は厳しくルールを作り、治安は町民の責任で守っていた。今日のように警察官はほとんどいなかったわけで、江戸の100万人の人口に対して、南町と北町に奉行所があるだけで、幕府の侍が出てくることはなかったのです。故に江戸幕府の治安にかける人件費はおどろくほど安く済んでいたことになるのです。

●百姓への年貢

幕府が農民に課した税金は先に述べたように「四公六民」が最高で、どの藩も三割から三割五分程度だったのでした。

また一六五一年（慶安四年）、加賀藩が始めたのですが、凶作や天災にあった都市は藩から役人が現地を見に行き、年貢を通常より安くした――この例は以降、各藩も見

第八章 封建時代とは明かるい地方分権の時代だった

習って実施していった。

誠に人情のある江戸時代ではありませんか。

他の言葉を借りると封建時代＝なんと厳しい時代だったのか、自由も平等もないと思われがちですが、実際は人情あふれる善い税制度に守られていたんです。我々の想像していたものと違うのですね！

● 商人への税

幕府は農民に年貢を課したが、商人には百姓並みの税負担を課するという考えは持っていなかったのです。現在のような法人税や所得税は存在していなかったのです。

旅籠や質屋などの仲間たちは商売を独占する意志を込めて、独占させてもらうためにお礼として冥加金（政治献金）を適切に納めていたのです。

その他、漁師などは仲間同士でお金を出し合い、運上金の名前で多少のお金が納められていた。

江戸時代の税金制度は以上のようなものでした。現代人から見ると大変にゆるい税制ですね。だから落語に出てくる「江戸っ子は宵越しの金は持たねえ」なんて言葉が本当

101

にあったんですね。

## 県・市の入札情報

ここからは現代の実例を示しましょう。

私の住んでいる神奈川県の話です。

バブルが弾(はじ)けて間もない平成七、八年頃から弱った建設会社20社相手に、建設業を助けようではなく、「構造改革なくして経済成長ナシ」の小泉首相にのせられて、仕事のない多くの建設会社に入札のチャンスを与えようと、入札オープンシステムが取り入れられました。

今までは建設20社が談合で儲(もう)け過ぎているのだ、「県も国ももっと安い単価で発注しろ」と新聞・マスコミは大いに騒ぎ立てました。その結果、入札をオープンにしますと、見ず知らずの業者が参加してくるようになりました。結果は見ず知らずの信用度の低い業者が入札に参加し、20パーセント〜30パーセントも落札価格が下がりました。これを見て無責任なマスコミは「やれば出来るではないか」と喧伝(けんでん)しまくりました。しかし、

## 第八章 封建時代とは明かるい地方分権の時代だった

その結果は建設業者20社の半分もが倒産してしまったのです。談合である程度儲けて、社内留保がタップリあれば、こんなことはなかったのでしょう。また見ず知らずの業者が落札した例を追い掛けて調べてみると、入札には勝ったのですが、その後、落札工事中にその業者は倒産したとの例を多々見ております。

結局、役所が建設物価版（市販されている）を丹念に調べ積み上げて作った建設予定価格が、入札によって著しく低価格で落札され、利益を上げられる、なんて業界では誰に聞いても考えられないことなのです。

その後、一発屋はどこへ行ったやら……報道はありません。

ここで心配なのが、いざ大災害があった時、今まで神奈川県内の建築業20社が守っていた神奈川地域を、倒産を免れた残った10社で守るなんて到底無理でしょう。機械も人も減っているんですよ。いざという時に安心の出来る建設業者を地元神奈川はしっかりと守るべきではありませんか。

見ず知らずの一発業者が落札して仕事を取ると、次回はその価格が入札予定価格になってしまうのです——この業界を知らない読者は首をかしげるでしょうが、それが現実なのです。

再度言いますが大震災が起きた時、皆さんは小規模経営の「一発屋」に復興を依頼するんですか――。
これは不勉強で「やれ談合だ」と騒いで記事を書いた無責任な新聞社やマスコミにも本気で聞いてみたいと思います。

# 第九章　現在「大赤字」の政府の台所

今までの話を少しまとめてみます。

一、京都維新から薩摩・大久保利通の政策
一、太平洋戦争に突入した日本の功罪
一、戦後のマッカーサーの日本での政治政策
一、吉田茂を中心とした経済復興と官僚たちの協力（一九四五年〜一九七〇年）
一、その後の官僚・役人たちの天下り天国
一、相続税の継続による日本の人情・家族・山河など自然の崩壊──これは政府が主導している
一、日本の財政は一九四五年〜現在、構造的な大赤字

について述べてきました。これからは大赤字を生んできた政府について話をします。

第九章 現在「大赤字」の政府の台所

## 今日の日本の経済は大赤字運営

本来なら税収のみで国家は経営されるべきなのに、毎年、毎年40兆円超の赤字国債を発行しないと日本の国は破綻してしまうのです。なのに、今になっても政府はやれ「増税」とか、「社会保障給付の減額」と唱えるだけなのです。医療費の個人負担の増額。それしか考える能力がないのですか、T大出のオエライさん！　国民にはしっかり負わせて、自分たちの給料と老齢年金はガッチリ確保してもらっているのに。

この借金まみれの日本の国情でも、ある人は「国家はお金を発行する権利があるんだ——だから大丈夫だ」と言います。けれどドイツのメルケル首相などは安倍総理大臣に向かって「日本の国は大変な財政赤字を抱えている。どう取り組んでいくのか」と実に堂々と鋭いことを二〇一三年六月のG8首脳会議中に行われた日独首脳会談で言っていますが、安倍さんは知らんぷり。それで本当にいいのでしょうか？

　　＊

金融危機の日本経済を救済するために日本政府は一体どんな策を講じたのかを説明し

ます。

一九八九年（平成元年）、日本はバブルが弾けました。当時、物価は上昇、土地・株の値段は頂上まで上がっていました。企業生産も順調に伸びており、税収は絶好調でした。伸び切った株価、土地その他の投機物、企業生産、銀行他の貸金業も絶好調でした。

それがチョッとした切っ掛けで、破綻してしまったのです。それは大阪の貸金の二重貸しの発覚から「アッ」と言う間に全投機物に広がったのです。

上昇バブルのインフレーションは日本国中に広がっており、当時は投機をやっていない会社や個人はいないと言われた状態でしたので、平成元年、二年、三年とドンドンと全てのものが急速に値下がりしました。一時は「一億総不動屋」と言われたほどに、土地投機も凄まじいものでした。その資金を貸した銀行他金融会社は、当然のこと不良債権の山となり、個人、会社はドンドンと破産、倒産しました。

それまで池田内閣、佐藤内閣と伸び続けた税収は、このバブルを境にして、上昇カーブは横ばいの税収となり、政府はその対応に大変な苦難の道を歩むこととなったのです。

早々と企業も倒産し自己破産した人、自殺した人なども多くいました。統計では税収も上がるどころか下何十兆円国債を発行しても産業は活発にならない。

第九章 現在「大赤字」の政府の台所

## 一般会計歳出の推移

(単位　兆円)

| (年) | 一般会計<br>歳出総額 | 国債買い戻し額<br>10年前に発行<br>したものです | 社会保障関係費 |
|---|---|---|---|
| 昭和30<br>平均 | 0.09 | 0.043 | 0.1 |
| 昭和40<br>平均 | 3.6 | 0.02 | 0.5 |
| 昭和50<br>平均 | 21 | 1 | 3.9 |
| 昭和60<br>平均 | 52.4 | 10 | 9.5 |
| 平成7 | 71 | 13.2 | 13.9 |
| 平成11 | 81.8 | 19.8 | 16.1 |
| 平成12 | 84.9 | 21.9 | 16.8 |
| 平成13 | 82.6 | 17.1 | 17.6 |
| 平成14 | 81.2 | 16.6 | 18 |
| 平成15 | 81.7 | 16.8 | 19 |
| 平成16 | 82 | 17.5 | 19.8 |
| 平成17 | 82 | 18.4 | 20.3 |
| 平成18 | 79.6 | 20.9 | 20.5 |
| 平成19 | 82.9 | 21 | 21.1 |
| 平成20 | 83 | 20.1 | 21.7 |
| 平成21 | 101 | 20.2 | 24.8 |
| 平成22 | 92.3 | 20.6 | 27.3 |

※1989(平成元)年バブル崩壊

## 一般会計実際歳入

(単位 兆円)

| (年) | 租税総収入 | 国債発行額 | 一般会計の実行予算 | 特別会計 |
|---|---|---|---|---|
| 昭和20〜30 | 0.7 | 0 | 1 | 0.2〜1.5 |
| 昭和40 | 30〜40<br>3 | 0.2 | 3.7 | 1.8〜7 |
| 昭和50 | 40〜50<br>13.7 | 5.2 | 21.4 | 7〜39 |
| 昭和60<br>平成7 | 50〜60<br>38.1 | 12.5 | 53.9 | 126〜267 |
| 平成10 | 49.4 | 33.9 | 83.3 | 306 |
| 平成11<br>平成12 | 50.7 | 32 | 84.9 | 341 |
| 平成13 | 12〜13<br>47.9 | 30 | 86.9 | 396 |
| 平成14 | 13〜14<br>43.8 | 34 | 87.2 | 399 |
| 平成15 | 14〜15<br>43.2 | 35 | 85.6 | 385 |
| 平成16 | 15〜16<br>45.5 | 35.4 | 88.8 | 410 |
| 平成17 | 47.8 | 34.3 | 82.1 | |
| 平成18 | 49.1 | 27.5 | 84.4 | |
| 平成19 | 51.0 | 25.4 | 84.5 | |
| 平成20 | 44.3 | 33.9 | 89.2 | |
| 平成21 | 38.7 | 53.4 | 107.1 | |
| 平成22 予定 | 37.4 | 44.3 | 96.7 | |

(「財政関係諸資料」財務省より) ※平成16年までしか資料なし

第九章 現在「大赤字」の政府の台所

がる傾向にあります。

政府はこれ以上の被害を出さないためにも貸し倒れ損失が巨額で営業出来なくなる銀行のみを救うことを決めました。田中内閣から国債を発行し始めて15年が経ち、それまで15兆円くらいしか国債は発行していなかったものを、このバブル沈静化のために一気に15兆円ほどを発行し、その現金（公的資金といわれていた）を大手銀行を中心に200億円、3000億円と無利子で貸し付けて、銀行の破綻を何とか救済したのです。

## 日銀のゼロ金利政策

無利子で借りた金を銀行は各企業に低利でドンドン貸付けたのです。例えば100億円借りたとすれば、今までは、利息分を4億〜5億円も返済をしていたのが、1パーセント以下の何千万円の利子で銀行から金を借りることができたのです。

こうして企業の救済、銀行の救済はみごとに成功したのです。その代わり国債の発行額はみごとに増加のスピードを早めてしまったのです。

でもここで一呼吸置いて考えてみてください。再び申し上げます。昔（ある話ではな

いが)、1億円の現金があれば、一年遊んで暮らせるという時代だったのです。皆さんもご存知でしょう？　郵便局や銀行の定期貯金の利子が5パーセント〜8パーセントだったのを。それが今はどうですか。百分の八が普通預金にいたっては一万分の十とかとても低い利子になっていますよね。これみんな私たち庶民、国民の当然に受け取るべき利息が、日銀のゼロ金利政策によって、むしり取られているということなんですよ。

政府のこんなバカな一方的な政策に腹が立ちませんか？

私はそれでも最初の1〜2年でまた元の利息に戻るのかと思っていましたが、とんでもない。あれからもう20年以上もそのままですよ。銀行、郵便局の利息は強盗のようにはぎ取るし、あげくの果てに平成二六年四月には消費税を5パーセントから8パーセントに上げるんだと！　そしてさらには近いうちに10パーセントに引き上げるんだという。

しかも、相続税の基礎控除は5000万円から3000万円に引き下げて、国民に幅広く相続税を納税してもらうんだと。

とにかく取れるところから、手っ取り早く取る──。

皆さん、腹が立ちませんか。私はこんな身勝手で無策な日本の政治に腹が立って、この前の参議院選挙に立候補しました。どうせズブの素人、何のバックもありません。公

## 第九章 現在「大赤字」の政府の台所

認など望めるはずもなく、無所属——初めから落ちるのは分かっていました。しかし、「テレビとかラジオとか新聞などのメディアで、立候補者なら自分の主張したいことを広く日本中に伝えられる」。それを目的に立候補したんです。お蔭で想像もしなかった多くの票を頂き、それを一つの支えとして胸を張って毎日仕事をしています。

つい自分のことを書いて横道に逸れてしまい申し訳ありません。話を元に戻して、日銀のゼロ金利政策のもと、政府は何の抵抗もなしで40兆円以上の国債を発行する——こんな強行手段が国民に充分な説明もなくてできることを、不思議に思いませんか? まして、今後、オリンピック開催ともなれば、政府は10兆円くらいの援助金は出すでしょう。

ヨーロッパでは国内総生産(GDP)と同額ほどもの国債を発行すると、「大変だ。国際的な金融危機だ」と大騒ぎをするんですよ。日本の安倍さんは、平気で「打出の小槌(こづち)」を振っちゃったところがどうでしょう。
ですよ。

次の表をご覧ください。
こんなことでいいのでしょうか、日本。

「債務大国」GDP比世界ランキング
（GDPは国内総生産）

① 日本 ……………………………… 二三〇％
② ギリシャ ………………………… 一六五％
③ セントクリストファー・ネイヴィス（カリブ海の島国） 一五四％
⑦ イタリア ………………………… 一二〇％
⑫ アメリカ ………………………… 一〇二％
㉑ イギリス ………………………… 八二％
㉔ ドイツ …………………………… 八〇％

```
銀行 ←―― お金 ――→ 政府
    ←―― 利息 ――
      ↖         ↙
         国債
          ↓
         日銀
```

第九章 現在「大赤字」の政府の台所

何度も言います。言わせてください。国債を日銀は引受け先を探します。それでも、手に負えないので、国債の引受け先を、日本を代表するメガバンクに引受けてもらう。メガバンク他、全銀行は政府が発行する取りっぱぐれのない確実な相手から利息をもらって引き受けるのです。

この世にも恐ろしい、悪魔の仕業で高給をもらってエリート顔なんですよ。

しかし日本は私有財産制の国。今はお金を貸すところがなく（企業の活動が活発ではない）、国債を低利で引き受けているが、なんといってもその金額が大きい。その利息を含む国内の利益ランキングで比較してみても、
① 三菱東京ＵＦＪファイナンシャルグループ
② 三井住友ファイナンシャルグループ
③ みずほファイナンシャルグループ
と上位を独占しています。

（二〇一一年度業績）

トヨタ自動車や日立製作所などの生産企業はこの下なんです。皆さん、お金を貸すだけの企業が物を作る企業より、高収益で上位だなんて変だと思われませんか。変ですよね。まして、この銀行の利益の半分以上は政府債の利息の受け取り分なんですから。

ということは、本来の銀行のあるべき姿の「民間にお金を貸して民間企業を育てる」という本業をやって法外に儲けているということなんです。銀行本来の目的から外れて、納得いかない銀行業をやって法外に儲けているのです。

そしてこのトライアングル（114頁下参照）ですけど、年々日本の国債は増える。今納めている我々の倍の金額の納税をしても、国債発行額は減っていかないのです。要するに、現在の一般会計は38兆円の税収と42兆円の国債ですから、我々が今の税金を倍払っても、国債発行の世界ランキング1位は下がらないのです。だったら「政府の使うお金をなんとか減らせ」。その考えを前面に出してくれなくては日本国民をやってられません。

仮にこの案が実行されても、まだ不安はあるのです。
もうこれが最後です。メガバンクが日本の国債のかわりに利回りの良い外国の金融商品に投資したらどうなると思います？

第九章 現在「大赤字」の政府の台所

## 一般会計から支払われる公務員人件費

**国家公務員**
（1人当たり 9.1 百万円）

人　員　56.0 万人
人件費　5.1 兆円

**行政機関**
人　員　30.0 万人

**自衛官、特別機関**
人　員　26.0 万人

**地方公務員**
（1人当たり約 9.6 百万円）

人　員　242.1 万人
人件費　23.5 兆円

**一般行政**
人員　92.2 万人

**教育**
（公立学校の先生等）
人　員　105.8 万人

**警察、消防等**
人員　44.0 万人

（注1）国の行政機関及び特別機関の人員は、一般会計及び特別会計の定員の合計（平成24年度末予算定員）、自衛官は実員数、地方の人員は、『地方財政の状況（平成24年3月）』（総務省）による平成23年4月1日現在の職員数（普通会計分）。
（注2）国の特別機関とは、国会、裁判所、会計検査院及び人事院を指す。
（注3）人件費は、国は一般会計及び特別会計の合計（平成24年度予算ベース）、地方は『地方財政の状況（平成24年3月）』（総務省）の平成22年度普通会計決算額。

※28.6 兆円も公務員 300 万人に支払っているんです。
　1人割りにすると 900 万円から 1000 万円もの年俸で雇っているのです。公僕は我々の年俸の 2,5 倍から 3 倍です。ならば結論として、特別会計群を売却し、民営化する。その売却益と、共済年金の中止、特別会計企業群に毎年出す補助金 53 兆円も税金から出さなくなれば、国債を買い戻して零円に近づけるのです。一般労働者と同じ、生き残りをかけて必死に働いて、税金を払ってもらおう。公務員の共済年金もなくなり我々と平等になる。これにまだ表に載っていない準公務員や特別会計の職員もいるんですよ。補助金の名目で 53 兆円も税金が使われている。

そうしたら世界レベルで日本国債は叩かれるのです。そうなったら日本政府も企業も大暴落で、日本はもはやメチャクチャ、アウトです。

次に国債とはの説明をします。

## 国債は税金の前借金です

改めて言います。税収が38兆円、国債発行42兆円なのです。10年後には国債の42兆円は支払わなければならないのですよ。要するに10年後の税金42兆円を今、先取りしてるんです。そして10年後、42兆円を我々が税金として支払う。ひどい増税です。

しかし、政府はまた42兆円の国債（先取りの税金）を発行して、いつまで経っても国債は増えるばかりで減ることはありません。こうなったら、10年後の話ですが、この国債を支払うために、増税に次ぐ増税、それでいて他の政策は何も出来なくなるのです。

道路修理も建物修理も何も政府は出来ないのに、累積借金の前取りの税金は、確実に取られるのです。政府は何も出来ない、してくれなくてもですよ。しかし、国家公務員、地方公務員、特別会計企業の従業員には仕事をしなくても、キチンと給料、保険料、年

第九章 現在「大赤字」の政府の台所

金、退職金などを支払い続ける。酷(ひど)いじゃありませんか。あまりにも庶民、国民をバカにした、差別した政治ですよね。しかも、この末期的な国の財政難なのに、今なおのうのうとしている公務員って何なのですか。

一層のこと、こんな考えはどうでしょうか。

まず、不平等は当たり前。自由主義、資本主義なんだから生まれた時から、環境も家の大きさも各人が違うんですよ。まず違うということを大前提に、国家の借金をみんなで零にしましょうよ。零になるよう全国民（公務員を含む）努力しよう。

「平等」という言葉を唱えたのはマルクス経済理論の社会主義なんです。そういう国はほとんど潰(つぶ)れましたね。

二〇世紀にはじまって、二〇世紀後半にはなくなったんです。

そして、税金は消費税一本、税務署は消費税課一課のみで、他の職員は全員辞めていただきましょう。そうすれば財務省・国税庁は十分の一か百分の一の人数でやっていけるでしょう。

こんな時に、それは不平等だ。100万円取っている人と、1000万円取っている

119

人では「同じパーセントの消費税では不平等だ」の例外論が必ず出るでしょう。でも、例外のために総論を論じているのではありません。1000兆円超の借金をどうやったら、0円に出来るかの論議＝総論をやっているのですから。この際例外、端論を補助し増員したら、いくら公務員がいても足りません。その結果、お金が足りません。役所の金は全部我々納税者のもの。だから、国民一人一人が出来ることは自分でやる心構えで、大家族に戻して家族で処理しませんか。

「公務員はお金を喰う悪い虫」だと思って、国民全員で退治しようではありませんか。国民が増税で血を流す前に、公務員に先に血を流してもらいましょう。

そして、もうひと言います。これもくどいようですが、もう一度書きます。

小泉内閣時代に休日を大幅に増やしましたよね。公務員が1日休めば、その休日分は給料を当然減額すべきですよね。少なくとも私たち職人は日雇い雇用ですから、皆そう思いました。ところが、そんなことを言う人はマスコミには一人もいないんですね。皆、知らんぷり。彼らもまた増え続ける休日も堂々給料をもらっています、当然のように。

しかし我々職人や非正規雇用者は1日休めば当然1日分の給料はないんです。

小泉さんをはじめ政治家は日当では働いたことがないから、休日が1日増えれば即、

第九章 現在「大赤字」の政府の台所

収入減になるという切実な生活をしている人がいることを忘れていませんか。公務員や給与生活者は休日が増えても有給ですから、遊んだり、買物したり、旅行するので経済効果が増えるから喜ばしいことだと言うんです。でも、日本労働者の一割くらいの公務員の意見で政治が動いてしまう。いわゆる官公庁労働組合に守られている公務員や給料生活者中心の考えで政治が動いてしまうことに腹が立つのですよ。

弱い立場のアルバイトや非正規雇用者や職人は1日働きが減って、ヘンでしょう？　弱い立場の人たちの給料を税金で払ってやらなければならないなんて、ヘンでしょう？　しかも遊ぶ公務員たちに弱い立場の人間はあきれて声も出せないし、もう、踏みつけられることに悲しいかな慣れっこになっちゃったんですよ。

ある時、飲み屋でサラリーマンが言いましたよ。「国会へデモでもしたら」ってね。（デモでも座り込みでもする日の日当は、どこのどなた様から頂けるんですか？　旦那さんよ？）

我々の気持なんか全然分からないし、知識も持っていないんですね。庶民の心を、日本を大事にしようと思う人はいないのですか？　みんな私利私欲の人ばかりで……。

日本のために命を捨てる、西郷隆盛はもういないんですか。

ここで気を取り直しましょうか。

次の章で上杉鷹山のお国の再建の実例を紹介しながら、日本も本腰を入れて納税額を増やすのではなく、納税する労働者を現在の5000万人を6、000万人〜7、000万人に増やすことによって再生は可能になる、本気の日本の経済再建案を提示します。

当然のこと公務員の給料は大幅にダウンさせます。

# 第十章 今こそ米沢藩を救った「上杉鷹山」に学べ

## ジョン・F・ケネディが最も尊敬した日本人?!

ケネディ大統領の話を再びします。また折よくその娘さんのキャロライン・ケネディさんが新駐日大使になって来日されたことはうれしいニュースでしたね。

かなり前になりますが、第2次世界大戦時、ヨーロッパ地域での英雄アイゼンハワー大統領の後任としてジョン・F・ケネディ氏が大統領になったときのことです。ケネディ大統領と日本記者団との記者会見の席上、日本記者団から、

「大統領が最も尊敬している日本人は誰ですか」

との質問に、

「それはウエスギ・ヨウザンです」

と大統領は即座に答えたという伝説は余りにも有名ですね。

でも、当時はその答えを聞いて日本人記者の方が右往左往してしまったのです。記者

## 第十章　今こそ米沢藩を救った「上杉鷹山」に学べ

の多くがウエスギ・ヨウザン（上杉鷹山）を知らなかったからです。
その上杉鷹山のことをここで触れてみたいと思います。
ちょっと長くなりますが、ご容赦ください。

今から二百数十年前、江戸中期、羽前米沢藩の藩主だった人です。米沢藩の家臣団は上杉謙信の越後二〇〇万石を皮切りに、その子景勝は越後から会津に移封されたために、関ヶ原後は徳川から米沢藩は三〇万石にまで大減俸されてしまったのです。

しかも、その三〇万石も上杉景勝の腹心直江兼次の所領であったのです。その後も上杉の家臣団は減ることもなく、小さな領地に何千人という兵が住みました。また、一六六四年（寛文四年）に当主が亡くなり、その折に相続の不備があったため、さらに領地の半分が没収命令を受けてしまったのでした。

にも拘わらず上杉の家臣団はどんなに領地が減っても、1人の家臣をも整理しませんでした。当時、弱小の米沢藩は6000名もの家臣を抱えていたので、藩財政は苦しくなるばかりでした。

昔からの仕来りは代々重んじて続けていたので、

それでも藩はそれを守ることが上杉家の「品格」であると信じていました。

6000名もの家臣団は他藩と比べても数倍多いのでした。たとえて言うなら、徳川御三家の筆頭、尾張藩よりも多かったというのです。藩の苦境に少しでも助けになるかと武士が慣れぬ農業をやったり、職人、加工業や内職さえも手伝うようになりました。度重なる減俸（げんぽう）を補うもので、上杉の家臣として武士は団結をし藩を守っていました。

家臣は誰一人として逃げ出していく者はおりませんでした。

「入（い）るを計（はか）りて出（いず）るを制（まっりごと）す」なら分かりますが、藩の政事である参勤交替は上杉藩として縮小せずに仰々（ぎょうぎょう）しく威厳を守り、必要な「出る」は制しませんでした。

特に江戸での生活は派手でした。また派手好きでした。

上杉鷹山の前代の藩主重定（しげさだ）は窮状の中で我慢を重ね重ねてきた人間でしたが、窮状（きゅうじょう）を切り抜けようとする積極的な人物ではありませんでした。

ついに逃げ出す農民や脱藩する家臣が出るに至り、上杉重定は財政逼迫（ひっぱく）により版籍の奉還を申し出る悲壮なる決意をし、一七六四年（明和元年）に、尾張藩主徳川宗勝に伝えました。

江戸では、「名家・上杉家を潰（つぶ）すことは謙信公の名を汚すことになろう」——まかりな

## 第十章 今こそ米沢藩を救った「上杉鷹山」に学べ

らぬ」「再建に努力せよ」の沙汰が下りました。
これを受けて今後の上杉藩の行く末に思いを馳せるうち、はっと思いついたのは、遠い九州の小大名、日向の高鍋の秋月藩です。
この種美の奥方は上杉重定の妹であったのです。藩主秋月種美とは義理の兄妹で生まれ、江戸で育てられていました。今、上杉の親族を見渡してみて、彼以外にこの苦境を脱する器量の持ち主がいるだろうか。
（いないのは分かっていたが……ここはひとつ高鍋の藩主に話をしてみるか。あの二男坊は江戸では特別利口であると評判だし……）。
高鍋藩主秋月種美の妻は重定と兄妹だから、話はトントンとすすみ、養子縁組が決まりました。この縁組は鷹山にとって必ずしも幸福とは言えなかったからです。鷹山を待ち受けていたのは華麗な大名の座ではなく、苦難の座であったからです。この少年に望みをかけた藁科松柏をはじめ、江戸詰めの人々は鷹山を立派な殿に、改革の出来る殿に育てようと、懸命でした。そしてまた帝王学のため細井平洲（尾張の学者）の教育も受けました。

鷹山一五歳の時、たまたま江戸城に登城することがありました。雨風の強い寒い日で

した。手で顔を被いながらの歩行でした。やがて屋敷に戻ると、自分のことはさておいて供の者のところへ行って、
「今日は特にご苦労であった。風邪をひかぬよう風呂に入って体を温めて休め」
と言葉を掛けたと言う。
まさに自分のことより部下を気に掛ける人柄に「人を生かして人を使う道を存じ上げている」と、回りから人柄を高く評価され、きっと立派な人物になっていくと誰にも思われるように育っていきました。

鷹山17歳、一七六七年（明和四年）の時、上杉家を継ぐことになりました。時代は田沼意次が筆頭老中で賄賂全盛の時代でした。鷹山の回りから賄賂を贈って「便宜を計ってもらっては」の声も聞こえてきました。しかし領民の汗と涙の結晶である年貢を賄賂などには使えない。
「米沢藩は自力で更生する」
と言い切りました。
やがて田沼は失脚して賄賂時代は終わりました。
次は奥州白河の松平定信が政治を執り行いました。定信は八代将軍吉宗の孫で、今ま

## 第十章 今こそ米沢藩を救った「上杉鷹山」に学べ

での幕府の政治の失敗の原因は放漫経営にあると気付き、一転、「大倹約政策」を執りました。

それを見ながら鷹山は（今まで幕府の改革の失敗の原因は根本に優しさと思いやりがなかったからだ。これを打ち立てねばならない）との思いを強くしました。

### 藩でなく農民を富ませてこその改革

この考えをもって、一七六九年（明和六年）、初めて本国米沢に入ることになりました。

江戸と米沢は全く違うところでした。関東から福島に入り、福島から米沢への国境の峠を辿る頃には全山雪で被われていました。吾妻、蔵王そして出羽三山は全山深い雪景色でした。かつて上杉家の移動は千人単位でしたが、鷹山はこれを十分の一にしての、みすぼらしいお国入りでした。雪の米沢に入って鷹山は愕然としたというエピソードが伝わっています。

あまりにも人々の表情が暗く沈んでいたからです。どの宿場も貧しく、最早宿場の体を成していないほど人々が多かったからです。そして税の重さに耐え兼ねて逃げ出してしまった人々が多かったからです。

ません でした。鷹山はそれを見て自分から「野宿をしよう……」と言いました。
まさに大名の口から出る言葉ではありませんでした。家臣団はあちこちに火を焚き、野宿が始まったのです。皆、「殿様も一緒だ」ということが、心を沸き立たせていました。やがて米沢に入りました。そして、(冷たく冷えたこの土地に何かの種を植えて芽が出るのだろうか。いや必ず出したい、出させたい。何の芽を植えればいんだ)(これは大変な国へ来てしまった)と心のなかでつぶやきながら、果たして出来るのであろうか？ 不安も募る。
めに藩政改革を行おうという情熱に燃えていたが、ただ民富のた経験もなく、

死んでいるような景色の中、どんな小さな火種でもいい、それを捜して火をつけて大きくしよう。それが改革の始まりだ。人の胸にも火を付けて欲しい。鷹山の願いに、「私も、私も」と賛同の声が上がった。着物も着替えず旅姿で馬に乗って帰城した。それはまさに今までに例のない乞食集団の行列のようであったろう。

鷹山は心に誓った。それでもいい、始まりはまず一（いち）から始めるのだ。馬に乗って寒風、雪の中を帰城した。

帰城するや間もなく家臣団を全員集めた。しかも今まで例のなかったが、足軽もそ

第十章　今こそ米沢藩を救った「上杉鷹山」に学べ

集団に入れた。

鷹山の声に多勢の者が反対したが、若き藩主は一歩も譲らなかった。城内の大広間は中も外も人でいっぱいであった。

新しい藩主の顔を見せ、

「これから我が藩は自立してゆく。それには、藩の改革をやらねばならない。これから米沢上杉藩が生き残るためには出来ることは何でもやる。全員で働くのだ。例えば働けないお年寄は鯉に餌をやってくれ。そして大きな鯉にして欲しい」

そこまで熱く語った。

これを藩祖謙信公に誓った。

「士分の若い者は全員農作業や山や荒地を開墾してくれ」とも言った。

鷹山は演説が終わって屋敷に帰れば、藩よりあてがわれた発育遅れの妻が待っていた。若き鷹山は日々妻のために、紙で鶴を折って持って帰ったという。妻はそれを糸でつなげて鶴が日々増えいくのを、手を拍って喜んだという。また、ある時は粗末な手作りの人形を持ち帰り届けたともいう。

妻は鷹山の帰るのを喜々として待っていて、また妻が作った人形を褒めてやると、妻

は大変喜んで、それ以降も人形を作って鷹山を待っていたらしい。
この不自由な体の妻に鷹山は心から優しかった。
城に出れば厳しい厳しい改革が待っている。改革もやがて米沢全土、全藩民に伝わり全員が働き、まさに飽くなき努力と執念が奇跡を生みはじめ、ついには大きな奇跡を生んだのだ。
過去の慣習と習わしとの戦い、七転八倒の苦しみで、士分の者も足軽も家老もなかった。ただ働いてものを作る。そして売れるものを工夫して作る→売る→その連続の努力で鷹山の目的→藩改革の実が結びはじめるようになると、自然と子供のない藩主にお世継(つぎ)の話、側室の話が出てくる。
そんな際に鷹山は言った。
「私は世継を、自分の血を残すために、ここ米沢に来たのではない。妻は一人いれば充分だ。私はここ米沢に藩政改革に来たのであるから、その儀には及ばぬ」と。
この鷹山の言葉に全家臣は感動し、ますます心を一つにして改革に一層の力で立ち向かったのである。また、さらに殿のために働こう——と。

## 第十章 今こそ米沢藩を救った「上杉鷹山」に学べ

鷹山は上杉家の一番血の濃い男子を養子として育てた。この行為はまさに上杉鷹山の名を天下に知らしめることとなった。

以降、幕末まで米沢藩は安泰でした。

# 第十一章 「東京維新」はまず特別会計の消滅から

# 異常な国債発行の増加！

ご存知のとおり、近年、日本は異常な国債発行ぶりで、債務残高の急増が、この10年〜15年のあいだに見られる。この異常を直そうではないか。

重ねて言いたいのは、公務員、例えば役所に勤めている掃除のおじさんと比べると、公務員の労働内容が楽で休みが多いにもかかわらず、共済年金まで税金で払っている。給料は一般企業のおじさんより139頁の表のごとくはるかに高い。

そば屋のおばさんと学校給食のおばさんとの労働の比較をしよう。学校に勤めているおばさんは一日の実働が、たかだか4〜5時間。そば屋のおばさんは夜遅くまで働いていて、この給料格差。

これは市バスも地下鉄の運転手さんも守衛さんだって同様なんです。一体この2人の

## 第十一章 「東京維新」はまず特別会計の消滅から

どこに労働内容の違いがあるというんですか。まったく同じか、むしろ公務員の方が楽なのに。休日は多いし、給料も高い。

我々納税者としては、こんなのやってられないですよね。

公務員の方にも言い訳はいろいろあるでしょうが……。

お金が足りないから増税しよう、どの項目にしようかな！　なんて舌なめずりをしているようで、国民の一人として恐いのです。

今は日本にとって非常事態でしょう。第二章でも書いたように薩摩藩の西郷隆盛や大久保利通が、そして長州藩が、土佐が京都で大改革をやりましたよね。

外国の帝国主義国の侵略を、この時は日本も一つになって戦った京都維新。そして第十章でも書きました上杉鷹山の国家再生術。この2項目を踏まえて公の付く労働者・機関・組織・企業は全部平等に一般企業、一般労働者になりましょう。そして国民みんなで税金を納め、平等になる労働条件で働きましょう。公の字の人だけが楽をする時ではないでしょう。それこそが「東京維新」のはじまりです。まず、労働密度＝安心と不安を平等にしましょう。

再び申し上げます。日雇労働者は仕事のないことに、常に怯えているのです。いつも安心して働きたいものです。役所の休日の多さには閉口です。彼らはいくら休んでも誰か交代がいるから安心して旅行にも行ける。また代理でも務まるような簡単な仕事なのです。これでは公務員と民間労働者の格差が余りにもあり、不公平です。公務員とは公僕でしょ。国民のために働く人のはずです。国民は魚獲ったり、お米を作ったり忙しいから、公務員に諸々の仕事の代用を頼んでいるんでしょ。

民間の労働者は失敗したり、2、3日休んだりしたらクビになりかねないんですよ。しかもクビにする権限が事務所の所長や学校の校長になくては、能率を上げて仕事をしようなんて思う者は出て来やしない。この哀しい矛盾！　でも公務員たちは困ればすぐに労働組合に駆け込めば、身分は組合と労働基準法が守ってくれるカラクリです。

しかし現実には1日働いて幾らの世界を生きている我々職人は、私が言っているような世の中に、政府に、マスコミにモノ申すなんて、1人もいないような気がするのです。ただ働くのみ。そして納税するのみなのです。これが現実だから情けないのです。

また、日本国内では次の現実がまかり通っています。

第十一章 「東京維新」はまず特別会計の消滅から

## 世界一高い固定資産税

例えば土地と建物を合わせて1億円の住居に暮らしていると、年間約38万円の固定資産税を支払うのです。1億円以上の土地に住んでいて年金で暮らしている老人など大勢いますよね。しかも、これからこういう人がドンドン増えていきますよね。これってこの先どうするんだろう。

総論（この場合の総論とは

| 現業公務員給与の民間との比較(年収ベース) | 平均年齢（歳） | 年収（万円） |
|---|---|---|
| 清掃職員(公) | 43.8 | 730.0 |
| 廃棄物処理業従業員(民) | 43.3 | 419.6 |
| 学校給食員(公) | 46.0 | 589.2 |
| 調理師(民) | 41.5 | 351.3 |
| 用務員(公) | 47.7 | 635.7 |
| 用務員(民) | 53.7 | 331.5 |
| 自動車運転手(公) | 48.1 | 670.4 |
| 乗用自動車運転手(民) | 52.5 | 387.8 |
| 守衛(公) | 46.2 | 693.7 |
| 守衛(民) | 58.2 | 363.1 |
| 電話交換手(公) | 47.9 | 652.3 |
| 内線電話交換手(民) | 41.4 | 305.0 |
| バス運転手(公) | 45.1 | 733.2 |
| バス運転手(民) | 45.3 | 449.7 |

※(公)は公務員、(民)は民間。総務省調べ

神奈川新聞　2007年7月4日付より

「国の借金をどうやって減らして、正常な借金のない国にしようか」という方法論を言っているのです）で論議をしましょう。（例外の話はやめてください。それでないと総論の話は前に進みません）

今の日本は国が正しく機能するためのお金が足りない。その元のお金になるべき税収が少ない。でも支払い先が多いのです。

借金＋大量の国債発行（10年先の税金の先取りです）と問題点が山積みです。

## 休日の多さ少なさの較差

この休日の問題に我々職人は全然参加してません。労働時間を少なくすることは労働基準法に則（のっと）ってやっている――と言った所詮、公務員、大手企業の労働組合と寡占企業（かせん）が合意して決めたものでしょう。

我々日雇労働者の意見なんか、どこにも入っていないのです。このことについての反対発言をいまだに聞いたことがありません。我々日雇労働者が彼らエリートと同じ真似をしたら、お客からは嫌われ、雇主からも嫌われるのが現実なのです。だから、たとえ

第十一章「東京維新」はまず特別会計の消滅から

債務残高の国際比較

(単位は円に換算)

| 国 | 値 |
|---|---|
| 日本 | 198 |
| ギリシア | 86 |
| イタリア | 131 |
| ベルギー | 123 |
| アメリカ | 129 |
| フランス | 101 |
| イギリス | 103 |
| ポルトガル | 135 |
| ドイツ | 71 |
| カナダ | 93 |
| オーストリア | 92 |
| ハンガリー | 63 |
| アイスランド | 89 |
| ポーランド | 89 |
| オランダ | 67 |
| スペイン | 93 |
| スロバキア | 80 |
| アイルランド | 56 |
| ノルウェー | 85 |
| ギリシア | 102 |
| オーストラリア | 76 |
| フィンランド | 70 |
| スウェーデン | 52 |
| デンマーク | 75 |
| スイス | 81 |
| ルクセンブルク | 90 |
| スロベニア | 64 |
| チェコ | 52 |
| スロバキア | 42 |
| トルコ | 48 |
| メキシコ | 27 |
| ポーランド | 41 |
| スペイン | 51 |
| イスラエル | 81 |
| スウェーデン | 72 |
| ノルウェー | 69 |
| デンマーク | 58 |
| チリ | 65 |
| チェコ | 47 |
| トルコ | 38 |
| 韓国 | 49 |
| ニュージーランド | 105 |
| ルクセンブルク | 5 |
| チリ | 33 |
| ニュージーランド | 54 |
| アイスランド | 82 |
| ルクセンブルク | 39 |
| アイスランド | 51 |
| アイスランド | 125 |
| オーストラリア | 21 |
| エストニア | 10 |
| オーストリア | 24 |
| オーストラリア | 42 |

(注) 数値は一般政府 (中央政府、地方政府、社会保障基金を合わせたもの) ベース (GDP比)
(出典) OECD『Economic Outlook 86』(2009年11月)
債務残高の国際比較
1995年と2010年を比べると日本は、1995年はイギリス・フランス・ドイツと大差はなかったが、15年後では債務残高2.3倍にも増えている。

## 日本政府の約1000兆円の借り入れの内訳

日本の政府債務残高 （2012年度末現在）

| 合計 | 区分 | 小区分 | 細目 | 金額 |
|---|---|---|---|---|
| 合計<br>1,085兆<br>5,072億円<br>(100.0%) | 国債<br>828兆<br>7,281億円<br>(76.3%) | 普通国債<br>708兆<br>8,547億円<br>(65.3%) | 建設国債 | 246兆6,694億円<br>(22.7%) |
| | | | 特例国債 | 425兆2,457億円<br>(39.2%) |
| | | | 減税特例国債 | 2兆1,114億円<br>(0.2%) |
| | | | 交付税及び譲与税配付金承継債務借換国債 | 1兆4,431億円<br>(0.1%) |
| | | | 復興債 | 12兆6,806億円<br>(1.2%) |
| | | 財政投融資特別会計国債 | | 113兆4,659億円<br>(10.5%) |
| | | 交付国債 | | 1,984億円<br>(0.0%) |
| | | 出資・拠出国債 | | 1兆7,296億円<br>(0.2%) |
| | | 株式会社日本政策投資銀行危機対応業務国債 | | 1兆1,700億円<br>(0.1%) |
| | | 年金積立金管理運用独立行政法人国債 | | 2兆4,879億円<br>(0.2%) |
| | | 国家公務員共済組合連合会国債 | | 672億円<br>(0.0%) |
| | | 日本私立学校振興・共済事業団国債 | | 290億円<br>(0.0%) |
| | | 日本高速道路保有・債務返済機構債券承継国債 | | 7,254億円<br>(0.1%) |
| | 借入金<br>57兆3,701億円<br>(5.3%) | 借入金 | | 17兆2,559億円<br>(1.6%) |
| | | 短期借入金（5年未満） | | 40兆1,142億円<br>(3.7%) |
| | | 財政融資資金証券（年度越の額） | | 2兆7,000億円<br>(0.2%) |
| | | 外国為替資金証券（年度越の額） | | 195兆円<br>(18.0%) |
| | | 石油証券（年度越の額） | | 1兆1,916億円<br>(0.1%) |
| | | 食糧証券（年度越の額） | | 5,175億円<br>(0.0%) |

（注）1.本表は、平成24年度当初予算の計数である。
（注）2.単位未満四捨五入

（財務省HPより作表）

## 第十一章 「東京維新」はまず特別会計の消滅から

ば土曜日でも日曜日でも仕事があれば飛んで行くのですよ。とにかく「労働の密度（労働賃金）の較差を同じにしてくれ」と声を大にして言いたいのです。

公僕とは「公衆に奉仕する者」（広辞苑より）とあります。ならばその者が楽して高給を取ったら、こりゃ公僕じゃない。むしろ司令官ですよね。しかも役所の休日が多すぎて用件の連絡がとれないことが不便です。土日の営業も工夫すべきでしょう。

なんでこうも労働密度が違い、給料が違うんですか。とにかく現在の日本は働いて納税する人が少ないんだから、全員が労働者になって同じ俎板に載って、全員平等に働くシステムにすべきなのです。そうしないと、日本の未来はないのですから。

## お金の発行権を握る政府

では、今日の日本の現状をつぶさに見ていただきましょう。

みなさんの持っている一万円札や千円札はどういう手続きで印刷され、我々の手元に渡ってくるのでしょう。当然、それらの紙幣は労働の対価としてもらうものです。そしてそのお金の発行権は時の政府にあります。政府は日本銀行に依頼し、お金の発行量を

決めます。それは今の商品の流れ、経済具合＝商品の生産の量と一般市民が生活するのに必要なお金＝購買力を見ながら決めています。平時はさほど問題はなく、政府と日本銀行と相談して発行量が決まります。ところが、いつも平時ということはありません。

日銀はお金（お札）の発行量によって経済が健全に営まれているか、市民の購買力はあるかを絶えず調べて政府に報告し、紙幣の発行量を相談しています。それも租税収入があくまでも基本。税金の支出を中心に考えて国家運営すべきです。

それが平成元年（一九八九年）、租税収入が急上昇していた時、手に負えない大きな事件が起きてしまったのです。来るべき時が来たということですけどね。

それは大阪の一個人の物件を担保に二重投資していたことが発覚したのです。それがもとで、異常な証券投資の実体が暴かれたのです。それはすぐに証券のみでなく、ドミノ倒しのごとく商品券の大暴落が始まったのです。それはすぐに証券（株券）の急落に端を発し、証券、土地、ゴルフの会員券と投機の対象にされていたもの全てが大暴落を始めたのです。投機対象の物件はバブルが弾けるように急激に下落しました。銀行が先頭に立って「判子さえ押してくれれば、この家は
あなたの物です」式に、お金を貸しまくった時代です。総投資家と言われた時代です。あの頃は日本人一億

## 第十一章 「東京維新」はまず特別会計の消滅から

投資をしない者はバカか、よほどの変わり者と言われた時代だったのです。
そんな狂乱の時代は平成元年から10年ほども続きました。しかもそれが終わりを迎える頃でも、まだまだデフレーションは続いたのです。銀行は潰れ、北海道拓殖銀行・日本債券信用銀行（政府系）をはじめ、大・中・小企業はバブル崩壊の名のもとに多数が多額のローンや債務を負って潰れ、倒産しました。大銀行も大企業も経営危機に落ち入りました。貸したお金（債権）が取り戻せず、不渡りの続出でした。
日本政府は「銀行が倒産すると、日本国の台所がやっていけなくなる」と銀行を何としても守るという方針を固め、今まで徐々にではありますが国債を発行していたのが、この度は特例として国債20兆円を発行し、日銀券（お札）にして、三井・三菱・住友・富士（当時）等のメガバンクに2000億〜3500億円の資金を緊急貸付しました。その結果どうにか大手銀行の倒産を回避することができました。しかし日本の購買力は低く、デフレ状態が続くのです。
失われた10年と言われていたが、もはや20年になっていた。平成二〇年（二〇〇八年）、突如、アメリカ発のニュースが世界を震撼させた「投資会社リーマン・ブラザーズが倒産の危機」との情報である。

145

幸い、当時の日本の会社は全体に勢いはなく、リーマンに投資する会社は少なく、被害は比較的少なかったらしい。しかし世界の企業は凍り付いたと言われている。

一気にリーマンショックまで同じ流れなので急ぎ足で話をしましたが、バブル崩壊の時の日本政府の対応はどうであったのか。平成一三年（二〇〇一年）、小泉政権1年目のことであった。バブル期の総理は宇野宗佑（そうすけ）、海部俊樹（かいふ）であった。

政府が執（と）ったのはバブルを克服して何とか銀行や企業を救済する方法で、それが日銀のゼロ金利政策であった。

政府の執った経済政策は、

- ゼロ金利政策は維持する
- 郵便局を解体する

というものであった。特に郵便局の解体には賛否があって、郵政の公務員を民間の一般労働者に変更したのだからいいだろうと胸を張る。一方、「個人貯金が海外取引の道具に使われ、投機市場に乗ったら大変なことになる」という政策論が危険感を煽（あお）った。

バブル後13年、ようやく日本企業も立ち直りかけていたその時、アメリカ発のリーマンショックが追い討ちを掛けたのであった。かつてない未曾有（みぞう）の大ピンチに対し、時の

# 第十一章 「東京維新」はまず特別会計の消滅から

結局、株は売ったのか。郵政の公務員は一般労働者にしたのか。答えはノー。なにも変わっちゃいない。

## 「構造改革なくして経済成長なし」

この謳（うた）い文句に国民が引きずられ拍手を送ったが、これは我々中小企業の労働者にとってはひどい目に遭うことになった。

しかし、旗を振っていた小泉氏は改革中途で引退したから、我々にはよかったが。

また、タクシーの運転手などは無制限に参入してくるタクシーに客を取られ、収入は激減して泣いていた。

私共の業界も県・市の入札などで、今までは業者指定を役所がやり、指名業者のみが入札に参加をしておりました。市・県の精算した予定価格付近で落札していた（建設物価版は市販されている）。ところが仕事が少ないのも手伝って、全県または全市の業者は「フリーで入札できる」という国からのお達しもあり、面識もない業者が本来あり得ない価格で仕事を落札して持って行くのです。私はバカバカしくて県・市の仕事の入札

はやめました。横浜市の業者でありながら残念です。
ところが、マスコミは「やればできる」の喝采であった。
政府・県の入札の自由化とは誰でも入札に参加できる。これによって建築業者は壊滅的な打撃を受け、神奈川県の有力建築業者20社のうち半数もが倒産したんですよ。この事実の上に立ってモノを言ってもらいたい。こんな小手先のことをするんではなく、もっと政府内部をうんとかき回して、確実な節税の方法を見つけて実行すればいいんですよ。頭のいい官僚や政治家揃いなんだから、本気を出して、やる気になったらできないはずないでしょう。どうしてプロがやって結果が出せないんだろう。本気を出してやると何か不都合なことでもあるんでしょうかね。利権とかを優先しちゃってね。やる気さえ出してくれれば即効果が出るのに……やりたくない理由があるんでしょう。そんなことで日本を潰してしまっていいんですか！
とにかく他の業界と比べて、土木建築業界の経営基盤は極めて弱いのです。短絡的にやれ「談合だ」「談合して税金のムダ遣いだ」と無責任な報道が、結果として過当競争を煽（あお）っていると思えてなりません。このままでは建設業者はやせ細って、倒産が増えることになると杞（き）憂（ゆう）するのは私一人ではないと思います。

## 第十一章 「東京維新」はまず特別会計の消滅から

国民や会社を窮地に落し込むのが政治ですか。目先のことに引きずられて、業者ルールを撤廃したことは、結果として国民がひどい目に遭ったのです。

たとえば東日本大震災規模の災害が起きたら、あなたは神奈川県民はこんな一発屋に神奈川県や横浜の復興を依頼しないでしょう。そうならば神奈川県民を守る建設土木会社を、我々市民は育て守らなければいけないし、私も及ばずながらその一人としてこの業界を育て守りたいと思っています。

そのことについて神奈川県の役所はどう考えているのか、ぜひとも広報誌などで特集してもらいたいものです。

つまり、話がいろいろ飛びましたが、小泉さんの政策は確かに大勢の気を引きはしましたが、私は決して賛成できるものではありませんでした。そして国債発行額も統計を見ると決して下がっているとは言えません。何かの役所を減すと言っていましたが、実際に行われたなら税収は上がらなければいけないし、国債発行高は下がらなければならないのに、口で言うほどに数字が動いていません。却って悪い方に動いている状態が読み取れますが、これいかに？

149

# 終章

## 最後に言いたい放題

「平等」とは一見きれいな感じのよい言葉だが、実は人間の「エゴ」そのものではないでしょうか。

特に社会主義はやたらに「平等」という言葉を使いたがる。平等の名のもとに自然を壊し、地球を壊す。そして、相続は「国民は本来平等が正しい姿」だといって、人間関係を壊しているのである。

現在も相続税のために親・兄弟は義理も人情もなく、家も屋敷も裏山も畑もすべて壊しまくる――。

終章

　その論拠が社会主義にあります。「平等」それをあたかも正論と思わせて国民を、人間関係を地獄に突き落とすのです。
　庭付きの家の人をアパートの住民が見て、「人間としてこれは不平等ではないか」と言う。もしこの言葉を正論とするなら、世の中の人間はきっと努力する者、働く者はいなくなり、公務員だけが残る現象となるでしょう。
　この考えは人間の自然や地球に対して傲慢以外の何ものでもありません。何故なら人間も動物の一種にすぎません。人間だけが地球を、自然を自由に使い、また壊すことが平等でしょうか……。

　ちょっと話を相続税に戻しますが、ここ1000年～2000年の間相続税を課し、それを支払うために家・屋敷を壊し、土地を山を小さく分割して平地にし、切り売りする。そのお金を政府に納める──。かつて日本にこんな制度があったでしょうか。
　一刻も早く相続税をなくし自然を守りましょう。
　人間は和して協力して、助け合い、生きてゆくのが道ではないでしょうか──。
　公務員の傲慢・エゴで国民からお金を吸い上げ、本人は額に汗せず、たいして労働も

しないで、偉そうに高みに座っているだけ……。

こんな時代が、有史2000年、古代とか封建時代とか近代にありましたかね。特に封建時代は武士以外は大変に圧迫がひどい時代と学校で教えられたように思いますが……これが実は本を読めば読むほど、実情は地方自治がしっかりしていて農民は農民、町民は町民でお互いに助け合いながら生きてきたということがよくよく分かりました。税金なども当然その年に穫れた品物で30パーセント程度納める。または織物で納める。あるいは労働で納める。実に理にかなった税金ではないでしょうか。

それが今ではどうですか——。

10年も先に、まだお米の形もしてないのに、政府はまるでマジックのごとくに国債という借金証文を発行してお金に換えているのです。しかも、税金はお金を借りてでも「現金で納めろ！」といって、相続税の名のもとに国に納めさせる。「支払えない」といろと、街金融並みの高い利息を払わせてまでも、延滞税を巻き上げるのです。

しかも許せないのが、この税金を何と政府はたった1年間で使ってしまうのです。10年後にはその国債分は当然のこと税金として増税してくる——それを国民は支払うのです。支払わなければならないのです。税金の滞納という罪として。

## 終章

政府は10年後国債を発行した10年後には当然返済するのですから慢性的に借金地獄、返しても返しても借金は新たに増え続けているのです。しかも、国家予算の中から幾らこの国債の借金の利息を払い続けているか皆さんは、ご存知ですか？

恐ろしい金額が毎年々出て行くのです。お金がある筈はありません。

増税は今後もドンドン来ます。

今の日本の経営者＝政府は一体何を考えているのでしょう。

渡部昇一氏著『歴史の鉄則　税金が国家の盛衰を決める』にもありますように「今の時代のように際限の無い増税は酷税であり、日本の歴史はじまって以来最悪です」と渡部氏も書いている通り、人が死んだら徴税役人が強盗以上に堂々と金を取りに来る。繰り返しますが、金がなければ「土地・田畑や山、山林を売れ」。その結果、自然が壊れても知ったことではない……。

これが今の政府のやり方なのです。

「こんな時代は過去に全く例が無かった」とこの本には書いてあります。

その通りです。私の気持ちを見事に代弁してくれてます。

153

10俵のお米が穫れたら、この中から何俵お殿様が必要だからと納める。誰でも分かる論法ではありませんか。

それが現代ではありませんか。

例、端論に対処するには、省・庁・部・課・係をどんどん増やす。

それと特別会計の企業団体を増やしていくのです。そして従事する公務員をどんどん増やす。

汗水たらして、生産に携わることなく、堂々と大金をもっていく人を増やす国家システム――これではいくらお金があっても足りません。

このシステムにした政治家・特に官僚達は、これからもドンドン増え続けていき、ついには1200兆円にものぼる国債借金をどういう気持、思いでいるのでしょう。

「自分さえよければいい」と、自分たちに優利なことばかり決めているあなた方には、聞いても無駄だとは分かっているんですが……。

1200兆円もの借金を見てエヘラエヘラしていられる国家官僚が気にくわないのだ。

自己責任は全く感じていないのでしょうか。

この1200兆円は必ず国民に増税となって降り掛かってくるのだから。

154

終章

国家官僚が責任をもって予算を作ったんでしょう。作った官僚が「借入国債が0円になるまで責任を取れ！」と言いたい。それも10年国債なんだから、10年のうちにですよ。

それとも例の得意ワザでちゃっかり政治家の責任にしちゃいますか？それなら両者に5分5分の責任を取ってもらおう。「お互いにやり合えよ」。

庶民＝納税者はどうなってもいいのですかね。日本国はどうなってもいいんですか。もはやこの人たちにもう何を言っても繰り言で片付けられるんですよね。それならば、私の唱える論（冒論かもしれませんが）に、一つまっとうな人達が立ち上がろうではありませんか。今ならまだ、何とかなるんですから！

この借金と酷税大国をみんなで協力し合い「税金ドロボー」を退治して、借金のない明かるい日本にしようではありませんか。

一九四五年（昭和二〇年）にはじまったこの政策、60年もかかったものを一遍に直すことは無理でしょう。せめて10年くらいで腐った日本に大ナタを振りかざして、生き生きとした国にしようではありませんか──。

155

# あとがきに代えて

文頭にてまずはご挨拶させていただきたいと思います。

私事ではありますが、この度の参議院選挙（二〇一三年）において甚大なご協力を頂き、厚く御礼を申し上げます。

出馬を決意するのが遅く、出遅れたスタートにもかかわらず、予期もせぬ大量の票を頂き驚いております。

選挙戦では日本の10年後、20年後を見据えながら、私の考えを述べさせていただきました。

2年後、3年後には、また大きな選挙があります。

その選挙では、

1、経済（輸出）を優先するのか

2、社会保障で国民を守るのか

さて、今の政治家は私利私欲に走る人が多すぎはしませんか。国会議員たる者、２０００年以上も続いた日本を守らずして何が国会議員なのか、と横ヤリを入れずにはおられません。

一四五年前に遡る明治元年から10年間、大久保利通・大隈重信を中心として政府は国営企業を作りました。でも一人たりともその時に公務員を作らなかったではないですか。国に入る税金で明治政府の財政を賄い、当時の世界の先進国と堂々肩を並べたではないですか。

また、昭和二〇年、マッカーサーが上陸しました。当時の超インフレーションを鎮静化するため、税金だけで国家を維持する財政運営を行った。これは戦後処置であり、これは戦争が終われば廃止されるべきものでした。

その中に人の懐に手を突っ込んで金を持っていく相続税もあった。これは、「家族を壊せ、自然を壊せ」と政府自らが命令しているような悪税なんです。廃止されるどころ

あとがきに代えて

か、今もって続いているこの相続税は大家族制度を壊し、小家族にし、社会保障費を増やし続けている元凶なのです。

やはり、もうこの国を救うのは特別会計企業群を一般企業に民営化して、思い切り国の経費の削減をして、その売却益を国家財政に繰り入れる手法しかありません。そしてそのお金でもって日本の将来を食いつぶしている国債を何としても買い戻しましょう。

この策こそが私が本書で訴えたい「東京維新」そのものです。

これしか日本の明日はないでしょう。

ぜひこれを一刻も早く実行しましょう。

また、本文でも何度も書きましたが、私が一人の庶民として実業に携わっている者として、「国税が足りない。増税だ」「社会保障費も足りない。年金の支給は減額！」「二〇一四年の四月には消費税を8パーセント。二〇一五年十月には10パーセントだ！」「相続税の基礎控除を下げて、広く国民に相続税を納税してもらい協力を願う」と、こんなことばかり言って、とりあえず取れるところから取る、というこの自民党の無責任振りに、我々国民は一体どこまで協力すればいいのか。その限度が一向に見えないのです。希望の持てる将来へのビジョンがないことに、むなしさばかりを感じます。

何度でも言いますが、現在、我々は税金(全て含めて)を収入の40パーセントも支払っています。仮にこれを80パーセントに増税しても発行済み国債は減少せずに、やっぱり増えていくのですよ。

私はこの問題を何とか政治の世界に、世の中に糺したくて、矢も楯もたまらず一矢報いたくて立候補したのでした。そして、堂々と自論を聞いていただくチャンスを得て、その結果、貴い4万人もの方々から支持を頂けたのです。何とも力強く、我が意を得た思いを致しました。

そこで今度、40年コツコツ働いて納税した一人の職人の目線で、私の思いを憤りを拙い文章ながら、どなたにも分かりやすい言葉で本書を綴りました。一人でも多くの方にお読みいただき、一人ひとりが今こそ地域のため、子孫のために何か行動を起こすことでしか『東京維新』は始まらないと思っています。この本を手に取ってくださったあなたが、日本国の大赤字の台所の実情を知って、怒って立ち上がってくださることを切に願っています。

平成二五年の十月二七日、私の地元の川崎や神戸など日本十大都市の首長選挙があり

160

あとがきに代えて

ました。大方の予想に反してわずか5000票差で政府寄りの「自・民・公」連合が推薦した候補者が川崎で負け、神戸市は同じ差で辛うじて勝ちました。ジワジワと企業優先、増税への反対や不満の国民のパワーがボディブローのごとく効いてきたように感じるのは私一人でしょうか。

尚、本書は「平成維新」とすべきところ、東京オリンピックも決まり日本の中枢、東京で維新を興すのであえて「東京維新」と冠しました。

この本を最後まで読んでくださった方々、ありがとうございました。

私、70歳になりました職人です。私は日本が大好きです。命の残りある限り、この本に忠実に生きていきたいと思っております。

平成二五年一一月二五日

森下正勝

# 番外篇

ここ十五年で
特別会計にお金を入れ放題
天下りはし放題
赤字国債は出し放題
税金は増し放題
我々労働者はますます絞(しぼ)られ放し

いったい　どうしてくれるんだい
政府さん
高級官僚さん
責任取ってよ
だいたい責任なんて
感じてないんだろう

番外篇

お金をもらうだけもらって
さっさと退職
やってられないのは
納税者と
労働者ばっかりだ！

十年国債は
十年後には
返済するのだから
当然十年後は
また増税
毎年発行すれば
毎年増税だ

桃の花
花も実もある
こんな時

日本国の
財政・台所
こんな赤字

増税いったい
いつまで
限りがあるのか
続くのか

番外篇

枯れ枝が
　川面にたるる　春遠し
桜の季節(あて)
　さぞや艶やか

咲いてよし
散ってまたよし
桜かな

川縁(かわべり)の　雨にうたれて　散(ふぜい)る桜
あの悲しげな　風情これも春

庭の隅
　日ごと青める
　　あじさいに
小雨の濡るる
　夏のはじまり

あやめ咲き
　五月の雨が
　　庭を濡らす
春の終りか
　夏のはじめか

## 番外篇

すっくりと
　路端に立った
　　あやめ花
思わず見とれて
しばし佇(たたず)む

待ち人の
　一人待たるる
　　　月見かな

日だまりに
　鴨(かも)と白鷺(しらさぎ)
　　日向ボッコ

所詮　税金
俺の金じゃない
工事中
また工事中
年度末
予算を使え
残らず使え

歳の瀬に
苦労するのは
納税人
楽をするのは
先生　役人
日本を良くすることに
血を流せ

# 資料篇

【参考文献】

『地方財政と地域経営』小島照男・兼子良夫(八千代出版)

『戦後日本政治ハンドブック 第1巻 占領と戦後政治(一九四五〜五四年)』藤本一美・折立昭雄/編著(つなん出版)

『戦後日本政治ハンドブック 第2巻 55年体制の政治(一九五五〜六四年)』藤本一美・新谷卓/編著(つなん出版)

日本の財政関係資料 財務省(平成24年9月)

『薩摩の盟友 西郷と大久保の生涯』栗原隆一・斉藤政秋撮影(大陸書房)

『吉田松陰 物語と史蹟をたずねて』徳永真一郎(成美堂出版)

『小説吉田学校 第一部 保守本流』戸川猪佐武(角川文庫)

『上杉鷹山の経営学 危機を乗り切るリーダーの条件』童門冬二(PHP研究所)

『新装版 上杉鷹山に学ぶ財政破綻を救う感動改革!!』本郷陽二(コスモ21)

『国債がわかる本 政府保証の金融ビジネスと債務危機』山田博文(大月書店)

(相続・贈与に係る税制について)租税調査会研究報告(日本公認会計士協会 第13号)

『マッカーサーの時代』マイケル・シャラー／豊島哲訳（恒文社）

『新版 アメリカの鏡・日本』ヘレン・ミアーズ／伊藤延司訳（角川学芸出版）
（昭和二三年発行もマッカーサーによる発売禁止を受けた曰く因縁のついた本である）

『税金が国家の盛衰を決める 歴史の鉄則』渡部昇一（PHP研究所）

『FP5タックスプランニング（平成15年度税制改正等対応）』日本フィナンシャル・プランナーズ協会

**著者プロフィール**

**森下 正勝**（もりした まさかつ）

昭和18(1943)年、横浜市南区生まれ。
昭和41(1966)年、中央大学商学部卒業。卒業後、千代田区神田猿楽町の畳店に見習いに入る。その後、昭和44(1969)年、横浜市の戸塚にて畳店を開業し、現在、森下和装工業株式会社代表取締役。
平成19(2007)年3月、神奈川大学法学部(夜間)卒業。

**主な著書**
『改訂版　もう一度つくりなおそう　美しい国日本　消費税を上げなくても社会保障費は抑えられる』(文芸社　2009年)
『マッカーサーの占領政策は本当に日本を再生させたのか　1945年より日本人の心は変えられてしまった』(文芸社　2011年)


**東京維新** 国の台所事情をやさしく解説

2014年3月15日　初版第1刷発行

著　者　森下　正勝
発行者　瓜谷　綱延
発行所　株式会社文芸社
　　　　〒160-0022　東京都新宿区新宿1−10−1
　　　　　　　　電話　03-5369-3060（編集）
　　　　　　　　　　　03-5369-2299（販売）

印刷所　神谷印刷株式会社

©Masakatsu Morishita 2014 Printed in Japan
乱丁本・落丁本はお手数ですが小社販売部宛にお送りください。
送料小社負担にてお取り替えいたします。
ISBN978-4-286-14911-0